目次

I

人の集まり方をデザインする

千葉 学

王国社

II

III

I

人の集まり方をデザインする

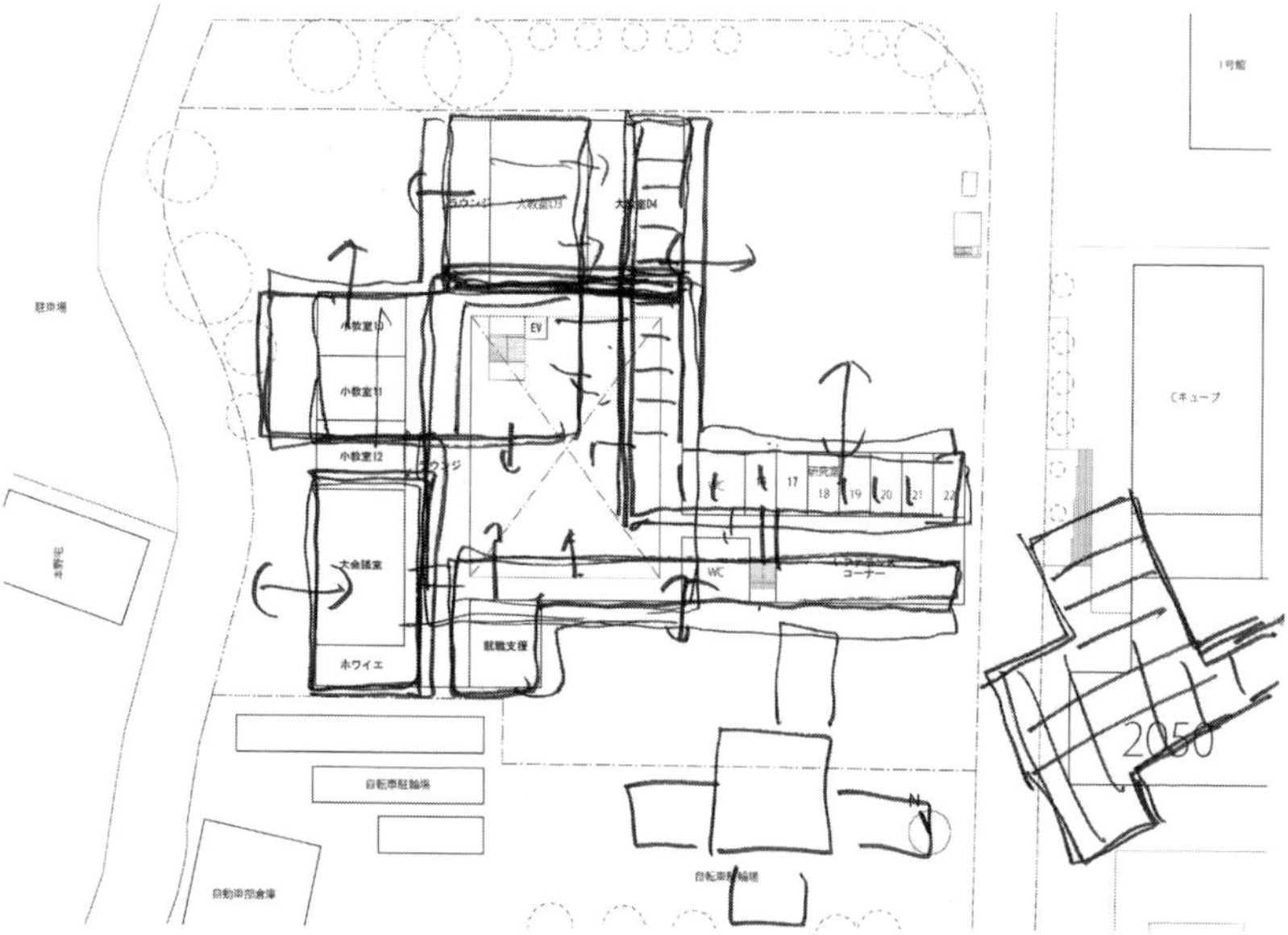

数多くのスタディの末に、敷地の四隅がキャンパスの将来像にとって大きな意味を持つ場所であることに気づく。その4つの場所をそれぞれ広場にするとともに、教室同士がお互いに見合う関係を同時に実現するためには、L形4つの建物が背中合わせに寄り添うような形式にすれば良いのだということも続けて発見する。大学らしい人の集まり方がどこにいても体感できるこの形式は、でき上がってしまえばまるで太古の昔からあったかのような、大学の空間の原型のようにも見えてくる。

(工学院大学125周年記念総合教育棟(2012年))

人の集まり方と空間の形式

1983年に公開された映画「家族ゲーム」は、故森田芳光監督を一躍有名にした、この時代の象徴とも言える映画である。戦後の核家族の時代を経た日本には、実に多様な家族形態が生まれ、それに伴い家族をめぐる様々な問題も顕在化してきた時代である。個人主義の浸透、夫婦共働きの増加、子供の教育問題、さらには家庭内別居やセックスレス、登校拒否児童といった言葉が新聞を賑わすようになったこの時代、「家族ゲーム」はそんな家族の間に介在する微妙な距離を、たった一つの印象深いシーンによって描き出したのである。そう、かの有名な、テーブルに横一列に並んで食事をするというなんとも奇妙な光景によって、実に象徴的かつシニカルにその家族の関係や心理までをも描写したのである。恐らく多くの人は、あのシーンに違和感を覚え、あるいは半ば苦笑しながら、しかし見過すことのできない光景として深く脳裏に刻んだのではないかと思う。実際、僕もそうだった。

テーブルと椅子が横一列に並ぶという極めて単純な空間の設えが、家族団欒という状況と重ね合わされた途端に浮かび上がる違和感は、「空間の形式」とそこに介在する人の集まり方――コミュニティと言ってもいいが――との間に極めて密接で相互不可分な関係があることを示している。実際僕たちの日常生活を思い起こしてみても、似たような事象はいくらでもある。

打ち合せの場でいかにテーブルと椅子を並べるか、それは打ち合せの議題や出席者の顔ぶれなどによって変わり得る。円卓を囲むか、相対して向かい合うか、そんな形式は、出席者というコミュニティの社会構造を投影するし、また一方でその空間の形式が、会議の流れを促すこともあるだろうからテーブルと椅子の配置は会議の戦略にも直結する。誰でも会議の前にテーブルの配置をどうしようか、そんなことに神経を尖らせた経験を持っているに違いない。あるいはワークショップにおいて、どのように住民と対話をするか、それもまた同じように、空間の形式が成否を分ける。一緒になって対話をするためにはどのようにテーブルや椅子が並べばいいのか、こうしたことを、多くの人が動物的臭覚とも言うべき感覚を頼りに自在に使い分けている。

僕たちが帰属している様々な社会やコミュニティは、たとえそれが土着的なものであっても一時的に築かれたものであっても、多かれ少なかれこの空間の形式を誘導し、また逆に空間の形式がコミュニティを醸成することを繰り返す。だからテーブルに横一列に並んで食事をするという形式は、それが友人同士の学食での光景ならば、なんの違和感もなく受け止められるのに、いやむしろ、横一列の方が心地よく悩みを打ち明けることもできたりするが、それが家族という社会と重ね合わされた途端、なんとも不思議な違和感とともに、家族間に潜在する不協和音も露にするのである。

もちろんこの社会／コミュニティと空間の形式の関係性は、その国や地域の文化というコンテクストを背景に共有され、また日々の実践の中で定着していくものであるから、異なる場所では異なる意味を発することにもなる。食事にせよ会議にせよ、あるいは儀式祭典、さらにはその空間的表出としての建築においてでさえ、その集まり方には土地ならではの風景を伴っている。しかし同時にこの空間の形式とコミュニティの関係性は、国や文化を超えた人間の、極めて身体的な感覚によって了解される面も多いにある。どのくらい近づき、どのくらい離れるのか、誰に背を向け、誰と相対するのか、そんな集まり方の形式は、動物的とさえ言ってもいい感覚によっても共有しうる。だからここで言う形式は、文化的コンテクストを共有する社会の中で構築されてきた一つの記号としての側面もあるが、その一方で極めて身体的な感覚が司るテリトリー意識の表出でもあるわけだ。だからこそ「家族ゲーム」の食事の光景が発するメッセージは、世界中どんな地域においても共有されうる違和感だったのだろうと思う。

家具から建築へ

しかしながら、これがいざ建築のこととなると、このようなテーブルと椅子の配置を繊細にコントロールするようなことは、突然置き去りにされてしまっている。例えば人が集まって住むための集合住宅では、これまで実にたくさんの片廊下型や中廊下型の形式が踏襲されてきた。

住戸の中だけで見れば、多くのプランニング上の発明や展開があったが、一度どこかの住戸の中に入ってしまえば、他の住戸との関係性はほとんど感じられないような、それこそテーブルに横一列に並んで食事をするような、無関係とも言える関係性が築かれている。あるいは学校や大学においても同様だ。一度教室に入ってしまえば、そこにあるのは先生と生徒が相対するという関係だけであり、他の教室との関係は、皆無と言ってもいい。確かに授業中は先生の話しに集中するのが学生の本務だが、しかし学校で学ぶべきことは、それだけではない。自分の友人や先生が、また別の場所で違うことを学んでいる、そんな多様な価値が共存している社会を肌で感じ取ることも、学校で学ぶことのできる大切な教えだ。そしてこのことは、本来集まることが主眼ではないような美術館などにおいても、基本的に変わることはないと思っている。美術館は、作品と鑑賞者がいかに向かい合うか、それがもちろん主題だが、もう少し広く捉えれば、そこは美術を介して緩やかにつながる一時的なコミュニティの場でもあると言えるのである。作品に向かい合う人々が、どのような集まり方をすればいいのか、このような視点が新しい公共空間としての美術館の姿を誘導するに違いない。

つまり建築は、それがどんな用途のものであっても、基本的には人が集まるためにつくられると思うのだ。集合住宅や学校、美術館に限らず図書館や、あるいは小さな住宅であっても、それは人が集まるためにつくられる。だから建築が、そこに期待されるコミュニティや社会にとって最も相応しい人の集まり方のデザインとして構想されていくことは、建築の普遍的なテーマであると思うのである。家族が食事をするときは、横一列ではなく、丸いテーブルで食事をすることが幸せであるように、建築も、そのコミュニティにとって最も幸せなテーブルや椅子の配置に代わる形式があると思うのである。家族が集まる住宅は、どのような人の集まり方として描くべきなのか、集合住宅においては、どのような世帯がどう集まる場所として構想すれば良いのか、あるいは学校にしても役場にしても、どんな集まり方をそこに想起することができるのか、それは設計において最初に問うべき建築の永遠のテーマであると思うのだ。

もちろん机と椅子の配置を考えることと建築を考えることは、根本的に異なっている。テーブルや椅子は、その場の状況に応じて自由に動かすことができるが、建築は一度でき上がってしまうと、そう簡単には動かすことのできない、堅く不自由なものである。それ故、ある状況を想定してつくれば、別の状況には不都合になることも、充分に起こりうる。しかも、住宅や学校に生起するコミュニティの関係性は、決して一義的に決められるものではない。一緒に居たいと思うときもあれば、別々に過ごしたいと思うときもあることは、人間にとってごく自然なことなのだ。このようなコミュニティに、建築はいかに応えることができるのか。この堅く、不自由で、動かすことのできない建築をつくりながら、まるで家具のように自在に人の集まり方に応えるような場をつくることはできないか。その場所やプログラムに最も相応しい人の集まり方と相互不可分な建築は、どう組み立てていけばよいのだろうか。

工学院大学での試み

工学院大学125周年記念総合教育棟の設計において根底にあった問題意識は、このようなことであった。大学という社会／コミュニティにとって、最も相応しい空間の形式はあるのか。あるとしたら、それはいかにして実現できるのか。また実現できたとして、必ずしも一義的に決まることのないコミュニティの関係性にどこまで柔軟に対応できるのか。さらに言えば、片廊下や中廊下形式が数多く作られている現状、つまり一度教室に入った途端、相互の関係が漂白されたかのような無関係な関係性をいかに受け止め、どう変えていくことができるのか。こうした根源的な問いがこの設計プロセスを支えていたのである。

改めて言うまでもなく、大学の空間の本質は、人が集まることにある。もともと大学の起源は、橋の袂で講釈が始まったことにあると言われている。様々な知識や情報を持つ人たちの話しを聞きに人が集い、その集まった人たちに部屋が必要になり、校舎が必要になり、その校舎がいくつか集まって大学が生まれたと言う。知識や技術、情報の伝達／交換はその意味で教育の根幹だが、このような活動は、多様な人の集まり方があってこそ、豊かに繰り広げられていく。それは、今日の大学においても基本的に変わることはない。何百人規模の講義だからこそ伝えられることもあれば、少人数の講義にしかできない内容もある。学生と先生の一対一の論文指導などでは、より突っ込んだ議論もできるだろうし、数人によるゼミでは、従来の学問領域から逸脱するようなテーマも自由に討論できるかもしれない。もちろん学園祭での学外の人との交流や一人研究に没頭する時間も、教育研究活動にとっては不可欠だ。このような多様な人の集まり方が随所で生起する風景、それこそが最も大学らしく、また大学生活を楽しく充実したものにしてくれている。このように、大学を根本から問い直すことで見えてくる空間の形式とは、どのようなものなのだろうか。

僕たちが最終的にたどり着いた案は、ちょうど片廊下型の建物が4つL形に折れ曲がり、それらが背中合わせに寄り添うようにして建つ建築である。一つ一つの建築は、教育研究活動の舞台となる小さな研究室や講義室、あるいは中規模大規模の講義室や実験室などが、それぞれ規模に応じたまりをつくり、全体として多様な講義室の集合体をつくっている。そしてこれら4つの棟が背中合わせに向かい合うことで生まれる隙間は、パサージュと呼ぶ風車形をした路地状の空間となり、そこを介して様々な規模の研究室や教室が直接向かい合う関係性を築いている。研究室から向かいの講義室が、また別の講義室からは反対側の実験室が垣間見える。自らの講義に集中しつつも、ふと外を眺めれば、そこにはまた別の活動が、ちょうど小さな路地を介して見るくらいの距離感で相対している。友人の姿を遠くに見つけることもあるかもしれないし、初めて目にする人に好意を抱くことだってあっていい。教室同士が路地を介して向かい合う、この極めて単純な原理によって大学らしい多様な人の集まり方は一同に会することになり、一緒に勉学に励む楽しさも、切磋琢磨する緊張感も、日常生活の中でごく自然に体感できることになると考えたのである。

実はもう一つ、この教室同士が向かい合うという関係性に加えて、なくてはならない原理がある。それは、教室同士は向かい合いながらも、直接的には行き来ができない関係になっている、ということである。つまり教室相互が視覚的に緊密に結びつけられながらも、動線的にはまるで迂回をするように、ぐるりと回廊状の廊下を歩かないと、その教室には辿り着けない。見えているけど、行けない。あるいは見えないけれど、すぐ近くで繋がっている、そんな多様な距離が介在することによって、それぞれの教室は、その使い手によって、あるいは使う状況に応じて、たった一人のための居場所になったり、大勢が集える広場になったりと、自在に場の質や意味を変えていくことができると考えたのである。常に他者の存在を感じながらも自分だけの居場所を見つけることができる空間、どこにいても孤立することなく、常にどこかと繋がっている空間、集まることも一人でいることも自由にできる空間、このような関係性が、一義的に決まることのないコミュニティに自在に応えるための一つの有効な手段になると考えたのである。

建築から都市へ

この4つのL形をした建築が寄り添う形式は、単に建築内部の論理だけを頼りに生まれたものではない。むしろ一つの都市としてのキャンパスの、将来に向けた布石として、より確かな形式として見い出されていったものでもある。

斜面地に南北に伸びる八王子キャンパスのほぼ中央に位置するこの場所は、学生が日常的に利用する南北の通りと、今後整備される正門と西門を結ぶキャンパスモールの交差点に位置している。キャンパスにおける人の流れの結節点であり、また同時にキャンパスモールという新たな大学の顔をかたちづくる役割も担う。このようなキャンパスのコンテクストをいかに解釈し、また将来に向けて何を仕込むのか。このような問題意識が、「教室が向かい合う」という思考と並走することでこの形式は発見されたのである。それは、敷地の四隅に生まれた4つの広場に象徴されている。

敷地北東の角は、将来的にもキャンパスの要となる広場である。広く平らで多目的に使うことのできる広場は、斜面地に展開するキャンパスにとって貴重な平場になるだろうし、イベントや集会、学園祭などにも供するシンボル性も秘めている。さらにこの広場を媒介に、教室相互の間に築こうとしたのと同質の関係を、敷地を超えて他の校舎群とも築いていけるのではないかとも考えた。敷地南東の角は、交通広場である。日常的に利用される南門から最も近い位置に、学生の主要な足である自転車やバイクを停める場所をつくることで、キャンパス生活の起点とした。そして敷地南西角は、総合教育棟に移ることになった学習支援センターのためのデッキ状の広場としている。主入口からは遠いが眺望も良く、そして中央のテラス伝いでショートカットもできるという多様な距離感に支えられる場所は、授業の補修を受けるという少々気を遣う場として最適である。そして敷地北西角は、大学のもう一つの顔を担う広場に位置づけた。キャンパスモールの一端を担う西門に接する辻空間として、また事務部門に訪れる様々な客を出迎える玄関口として、ささやかな正面性を備えている。そしてどの広場のまわりにも、授業の合間の貴重な休み時間を支える廊下が巡ることで、廊下は広場と密接に結びついた、もう一つの大切なコミュニケーションの場に生まれ変わると考えたのである。

こうしてパサージュと広場は、郊外型のキャンパスにありがちな、「緑地対建築」といった関係性にもう一つ、界隈性《かいわいせい》を持った都市的な様相を持ち込み、また周辺に建ち並ぶステューデントセンターやC-cubeなどの校舎群との空間的連携を通じ、敷地を超えた人の流れを活性化するハブとしても機能する。

できあがってみると、このような建築の形式がこれまでなかったことが不思議に思えるほどにそこは大学らしく、またごく自然に学生や先生たちの様々な活動を支え始めている。この新たな大学のスタンダードとも言うべき建築の形式は、過去を否定することで生まれた新しさではなく、むしろ片廊下というキャンパスのどこにでもあるありふれた建築の形式を踏襲しながらも、それが裏返されて寄り添うという関係性と、そしてこの敷地特有のコンテクストを炙り出すことによって、突如として見た事もないほどに新鮮な空間として立ち現れたのである。敷地固有なものでありながら同時に普遍的でもある、そんな建築のあり方は、空間の持続性を必要とする大学の空間が潜在的に求めていることをも体現する。

「他者性」がつくる建築に向けて

キャンパスを一つの都市と見立て、将来に向けての布石として建築を位置づけることが計画のもう一つの重要な側面であったと既に述べた。もちろんそこには、マスタープランとの整合性を図るという、どこか古典的な意味での都市計画的思考が働いていたとも言えるのだが、この総合教育棟においては、それ以上に「都市的な」建築を構想することが、より大きな意味を持っていたと、改めて思う。それは、都市そのものが持つ魅力や都市で過ごすことの醍醐味と同質の空間や快楽を、建築によって実現しようとする試みでもある。

では、そもそも都市とは何か。都市の魅力や都市で過ごすことの醍醐味は、何によってもたらされるのだろうか。僕は、それは「他者性」とも呼ぶべき豊穣さではないかと考えている。

決して一人格では作り得ない多様さ。いくつもの計画が重なり合い、ぶつかり合い、調停し合い、また一方で計画が破綻したり、宙ぶらりんになったり、あるいは綻びを見せたりしながらつくり出す複雑な全体像が都市の最大の魅力ではないかと思うのだ。それは決して単なる混沌ではなく、いくつもの主体や秩序の重なり合いであり、そこから生まれる新たな秩序や予期せぬ関係性の集合体である。それが常に上書きされ、更新され続けているからこそ、都市には予期せぬ発見や出会いがあり、人々を絶え間なく惹き付けているのだと思う。そして同時にこの「他者性」にまみれた空間があるからこそ、そこには訪れる人なりの空間の読み取りと応答があり、それぞれに居心地のいい居場所を見つけ出すことを許容しているのではないかと思うのだ。常にあれだけの数の人がそこかしこに集まりながらも、たった一人で過ごす場所を見つける快楽も、何人かの集団が場所を占有する心地よさも許容する都市空間の自由は、この「他者性」が支えている。

しかしながら建築は、基本的に一人格でつくられる。閉じた回路、内向的な指向、これは建築の宿命のようなものだ。計画を突き詰めれば突き詰めるほどに「他者性」から遠ざかってしまうのは、一人格の創造の限界でもある。それでもなお、建築が都市そのものになることはできないか。しかもその複雑な全体を、単なる視覚的な複雑さに短絡させるのではなく、むしろ極めて単純な形式を踏まえた新たな関係性の中に見い出すことはできないものか。こうした思考は、この総合教育棟において余計に強く僕たちを牽引した。講義室や研究室、実験室など、どこにでもある部屋群がただ並ぶというありふれたプログラムだったからこそなおさら僕たちは、都市の自由を実現したいと思ったのだ。

4つのL形をした片廊下型の建築が、背中合わせに寄り添うという単純な原理のもとで、一つ一つの教室に求められる数々のスペックやマスタープランとの整合性、あるいは技術的な検証なども含めた数限りないパラメータをその都度素直に反映しながら設計を進めたという点では、これまで僕たちが「日本盲導犬総合センター」や「WEEKEND HOUSE ALLEY」などで試みてきたような、オープン・エンドな設計プロセスにも近いものだ。つまり、そのプログラムや土地に必然的な原理を発見し、そこから先は、数多くのパラメータを可能な限り投影しながら最終形を導くというものだ。それは、こうした設計プロセスが生み出す予期せぬ結果や偶発性が、そのまま「他者性」につながるという確信があったからであるが、そこで達成した幾つかの空間的な質についても、おぼろげではあるが、ここで確認しておいた方がいいだろう。つまり、独立しながらもつながっていること。自らの建物を、外部を介して見返すことができること、つまり自らの居場所を遠い風景として見つめることのできる場があること。視覚的なつながりとは別の身体的繋がり方を持つこと。共通の建築的言語と不揃いな建築的言語、つまり反復と差異が共存すること。まるで鬼ごっこやかくれんぼをするように、行き止まりのない動線が用意されていること、などである。こうした空間の質の集積は、都市としての建築に必須な質であることは間違いないが、まだまだ整理ができないし明確に一言で説明することも、何か明快な方法論に帰結させることも、今の時点ではできていない。

考えてみれば、そもそも「他者性」などということを計画的に語ろうとすること自体、無理な試みなのかもしれない。それはちょうど、バナキュラーな集落を計画することができるか、という設問を立てることにも近いことだからである。しかし今日のように、マネーも技術も流動化し、どんな場所にどんな規模の計画だって容易に実現できるようになってしまった時代において、この設問の意味は、大きな意味を帯びてくるのではないかと思うのだ。技術が生活や地域の営為と密接に結びついて建築や都市が形成されていった時代なら、人の集まり方は、極めて長い時間軸の中での形式の誘導とコミュニティの醸成が相互通行的になされることも可能だったが、今やそうはいかないほどに時間は圧縮され、建築や都市のデザインも、一つの情報として流動化してしまっている。あちらで生まれたデザインがすぐさまこちらで展開するなどということは、もはや日常茶飯事なのだ。デザインは多彩に展開しているようでいて、実は世界は限りない均質化に向かっているようにも見える。だからこそ、この「他者性」を計画する、という難問を克服するしか方法はないのではないかと思うのだ。極めて動物的な臭覚を頼りにした上で見えてくる人の集まり方に対する観察を深め、それを、「他者性」を前提に計画する建築との相関の中に見い出していく。そうすれば、単に丸いとか四角いとか、幾何学的であるとか有機的であるといった短絡的な類型を超えた新しい建築のあり方が、流動化する世界に便乗することのない新しい建築の形式として見えてくるのではないかと思うのだ。そうすればきっと、この動かしがたい建築が、まるでテーブルと椅子を自由に並び替えるかのように、本当の意味で開かれた自由を獲得することになるのだろうと思っている。

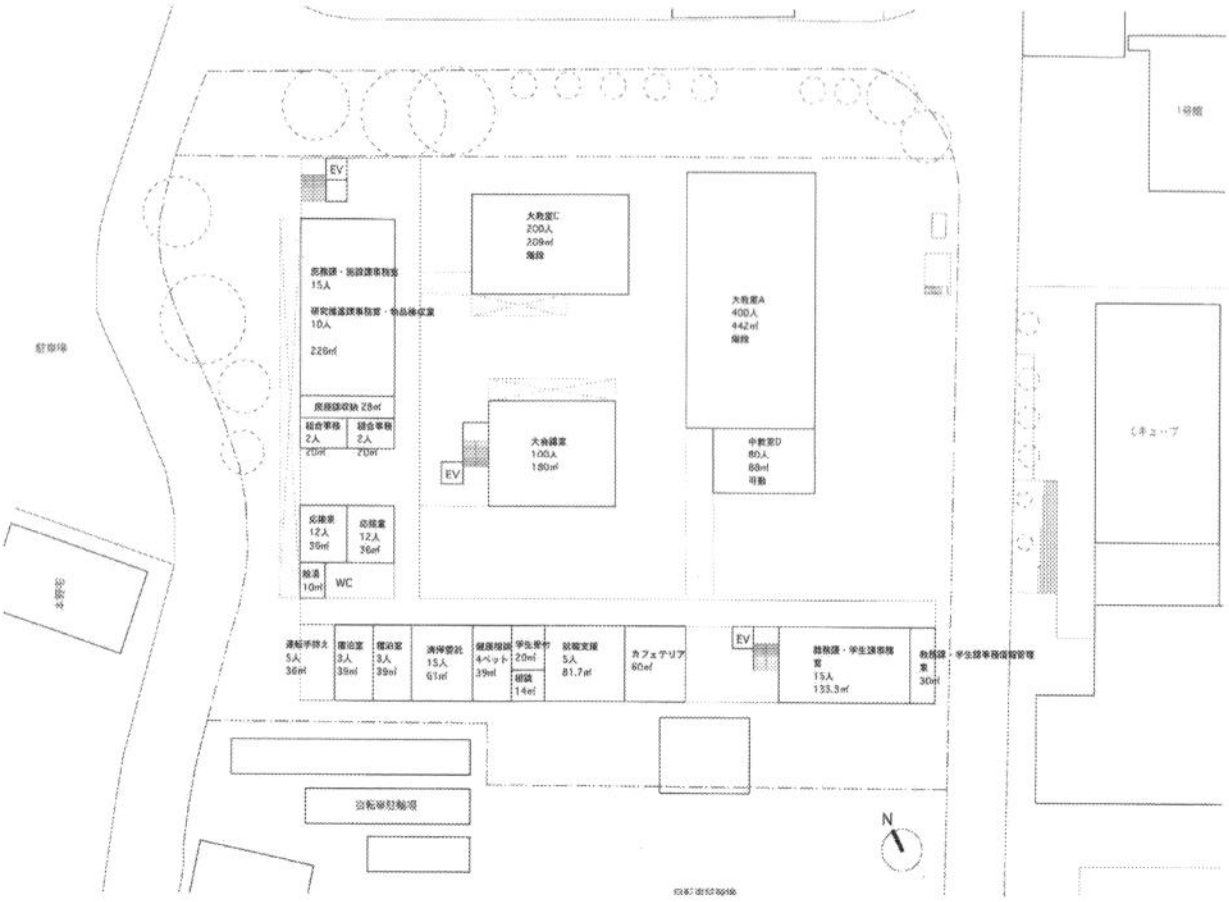

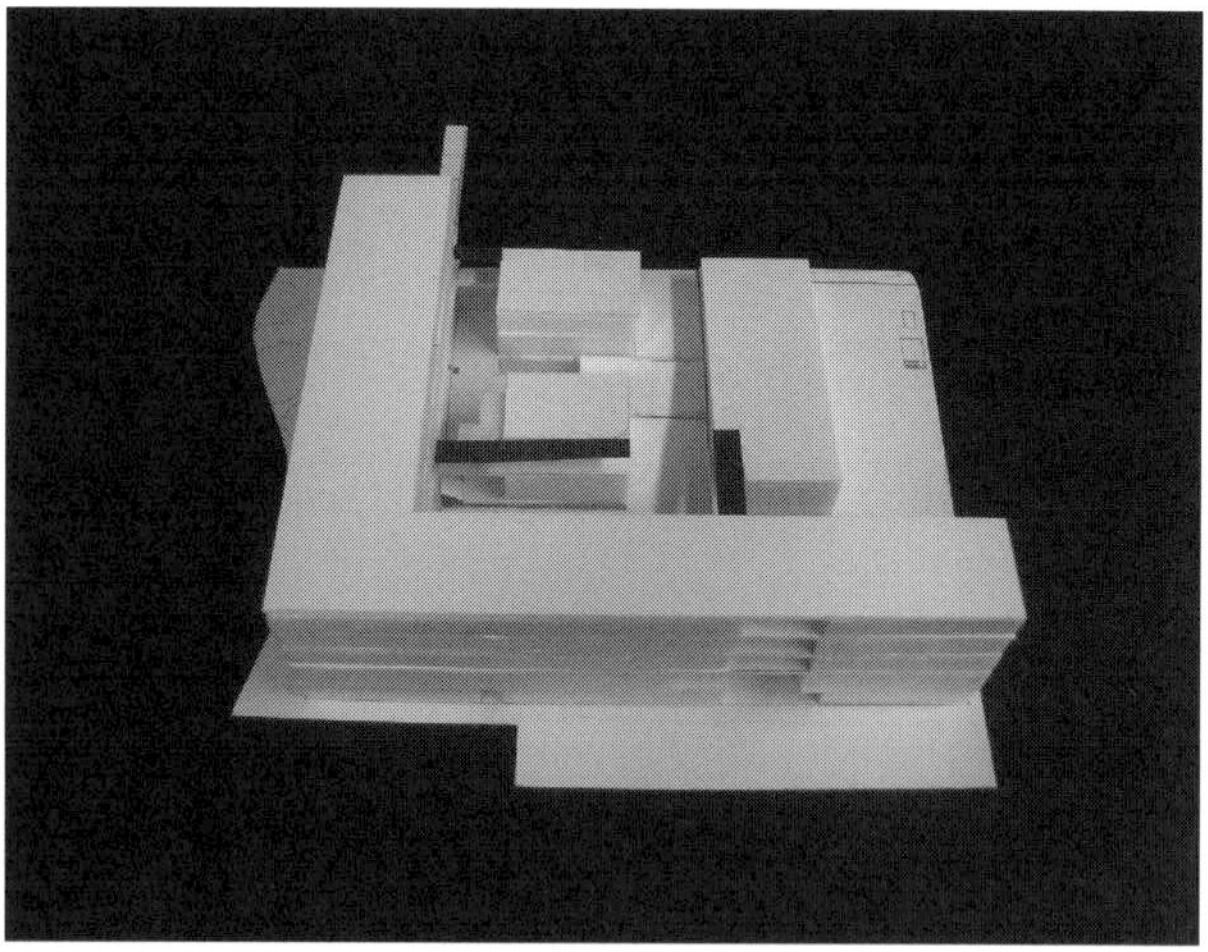

どのような人の集まり方が良いか、その視点でのスタディが中心である。わずか一月程の間に30案以上も作ったのではないか。最も初期の案は、この敷地が広場として重要になることに目が向けられ、広場の中にパビリオンのようにして建つ公共性の高い講義室群と、L字形に構成されたその他の教室群を配置している。

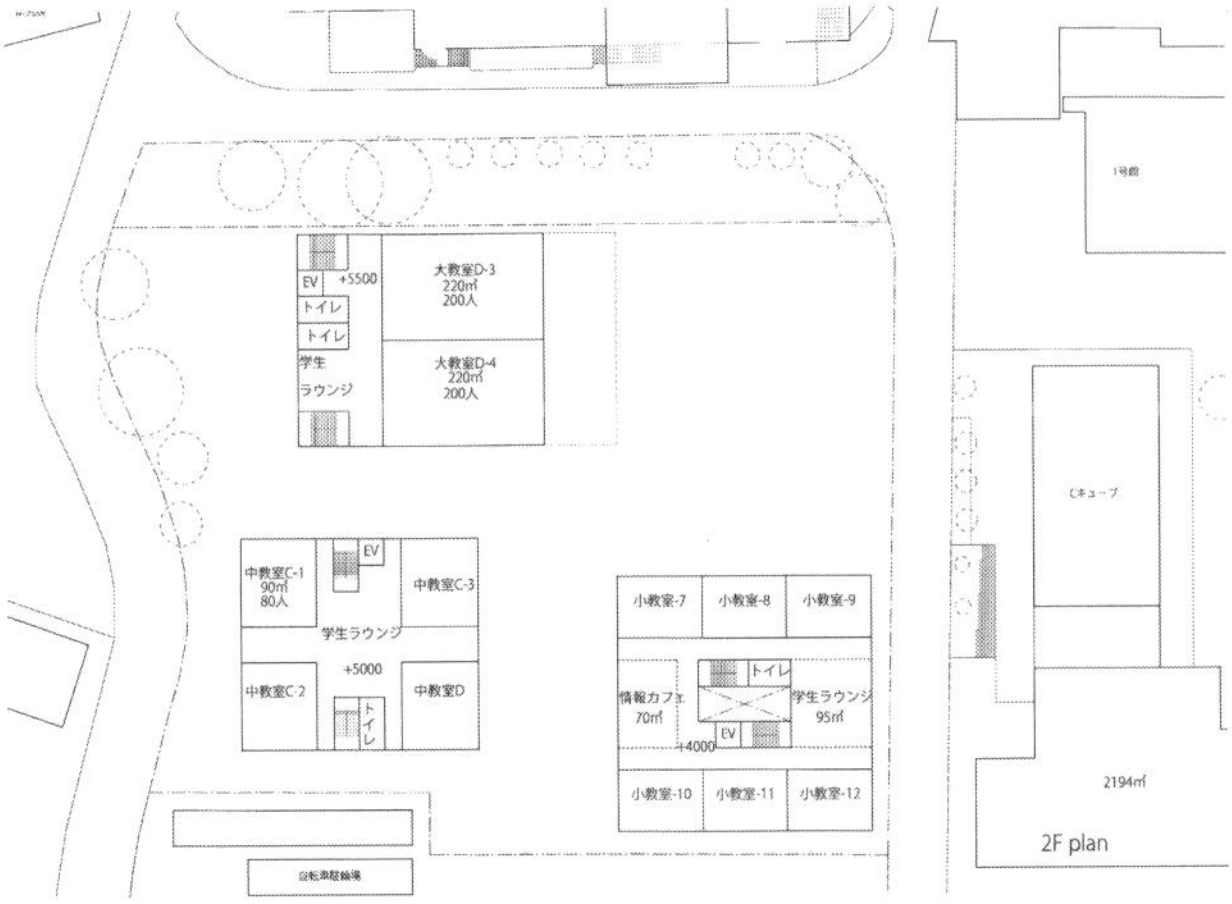

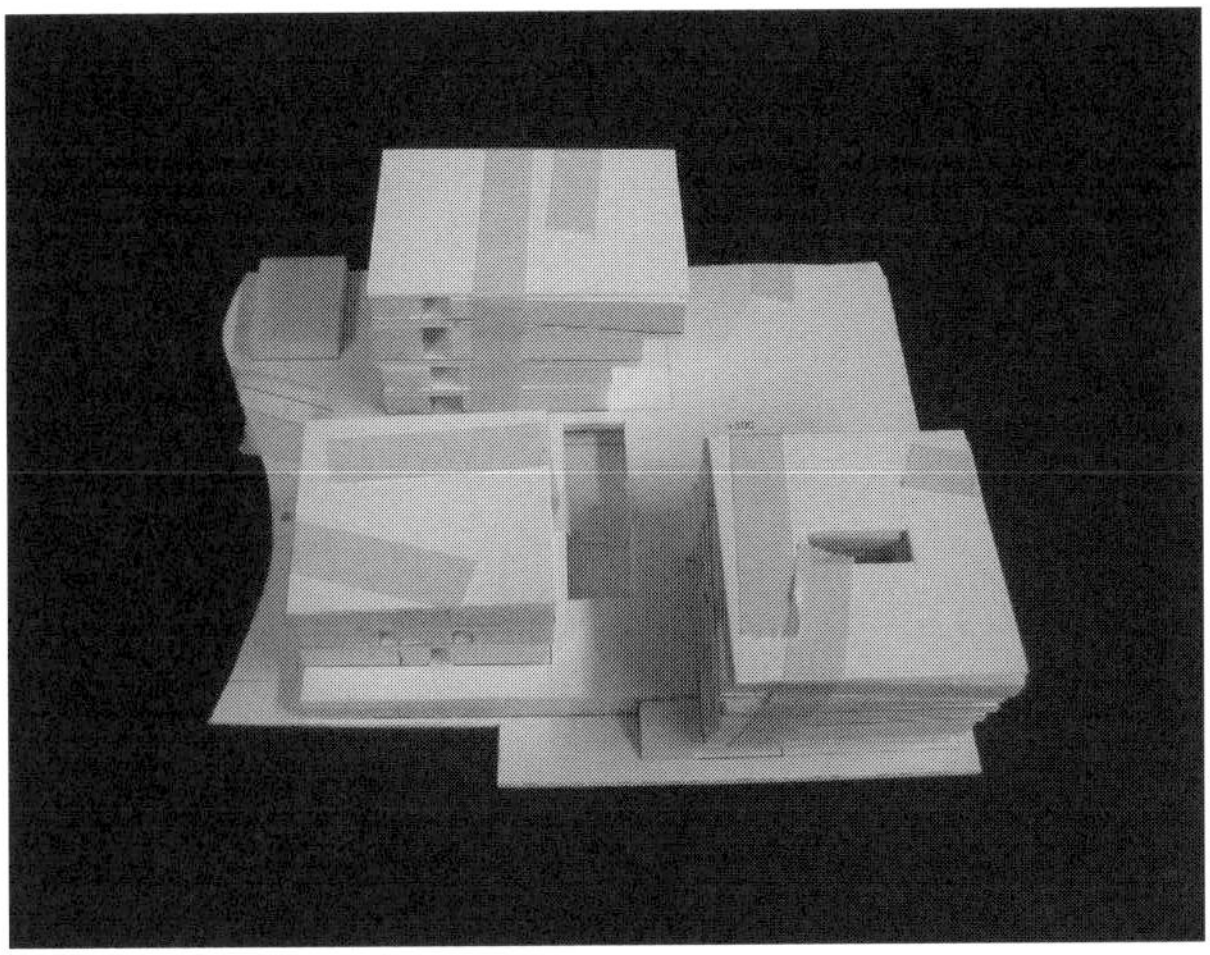

L字形の教室群があまりにぞんざいな扱いであることから、全ての教室を広場の中のパビリオンと位置づけてみた。こうすると、教室間の移動はエレベーターに頼ることになる。それは望ましくない。

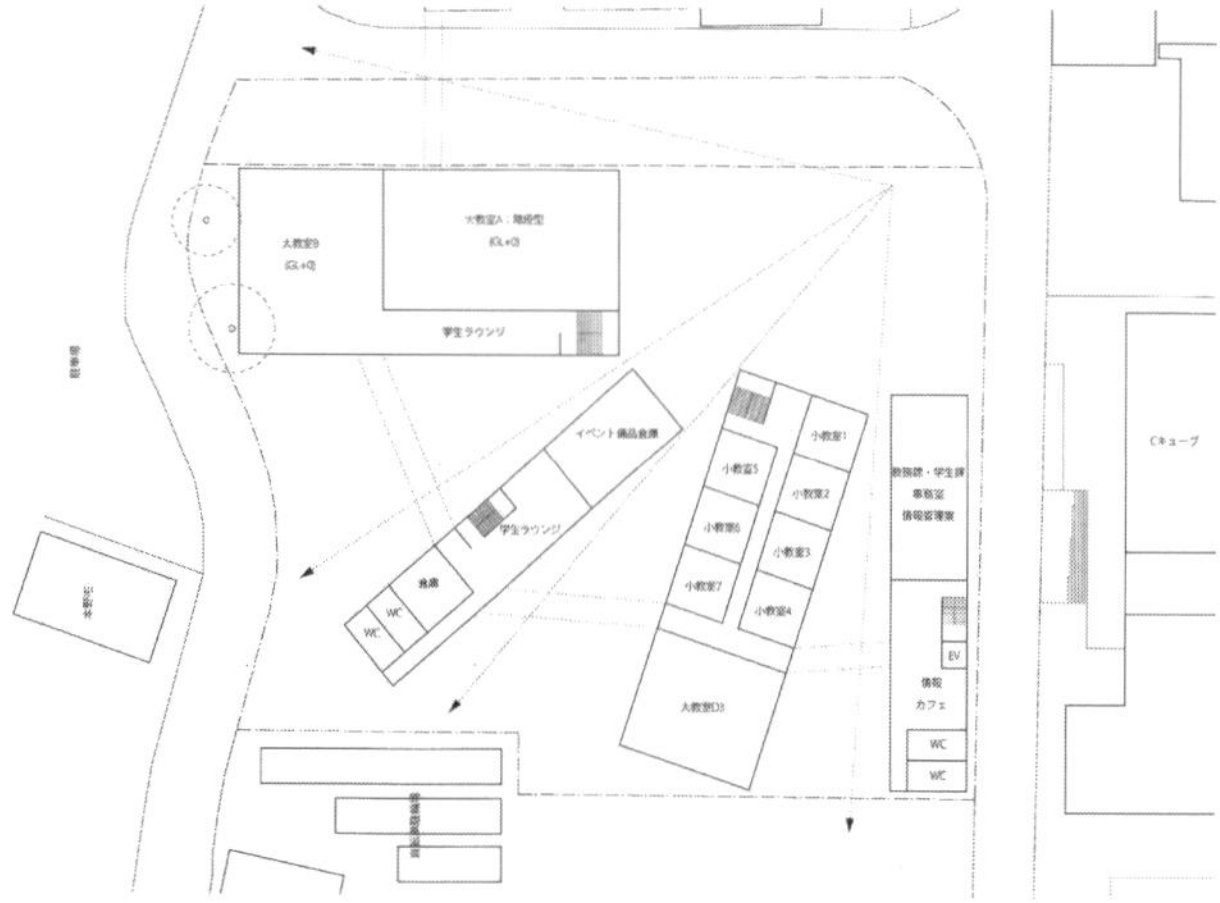

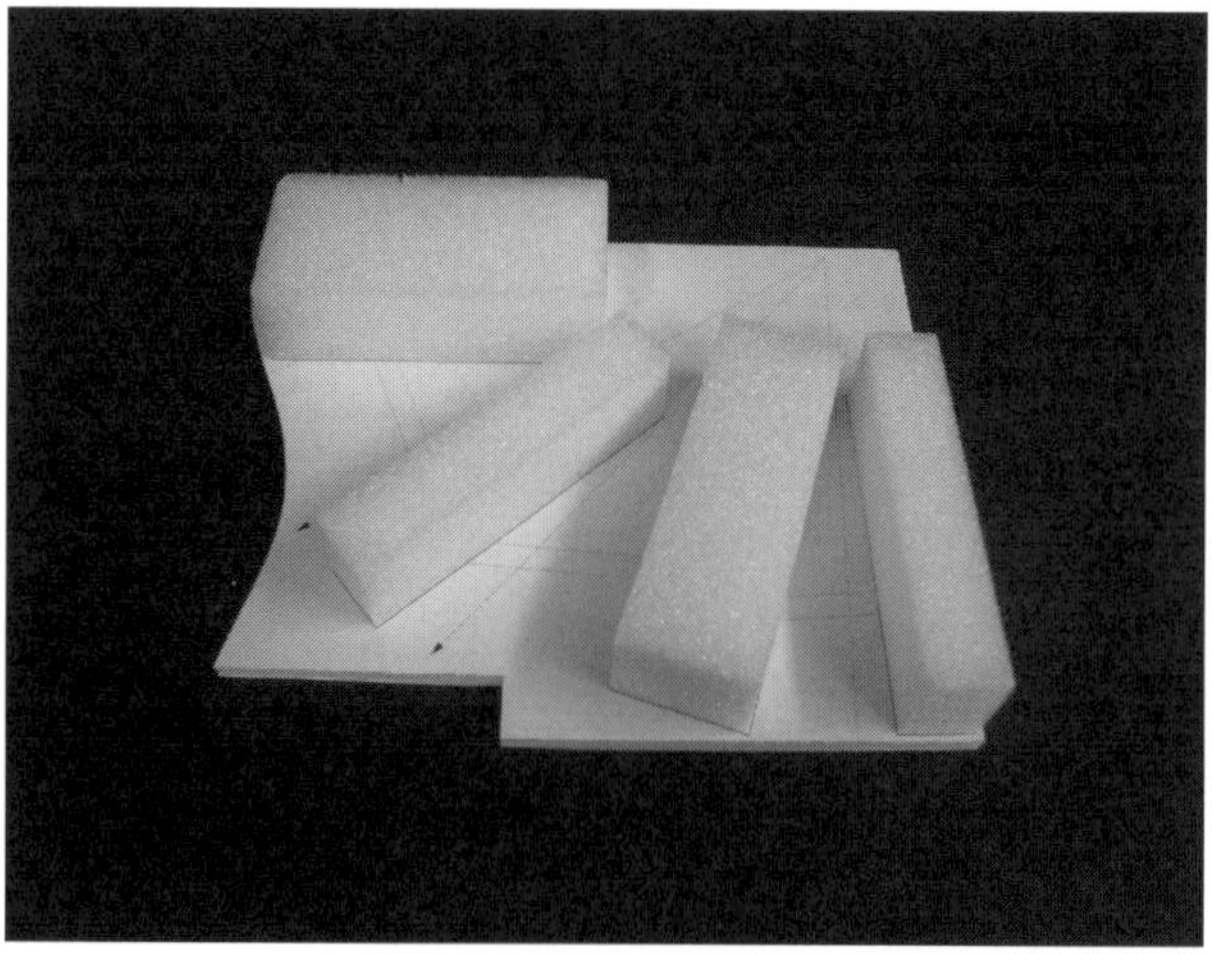

一方で、山に開けた環境であることも重要である。そこへの眺望を意識し、末広がりに棟を配置した案。

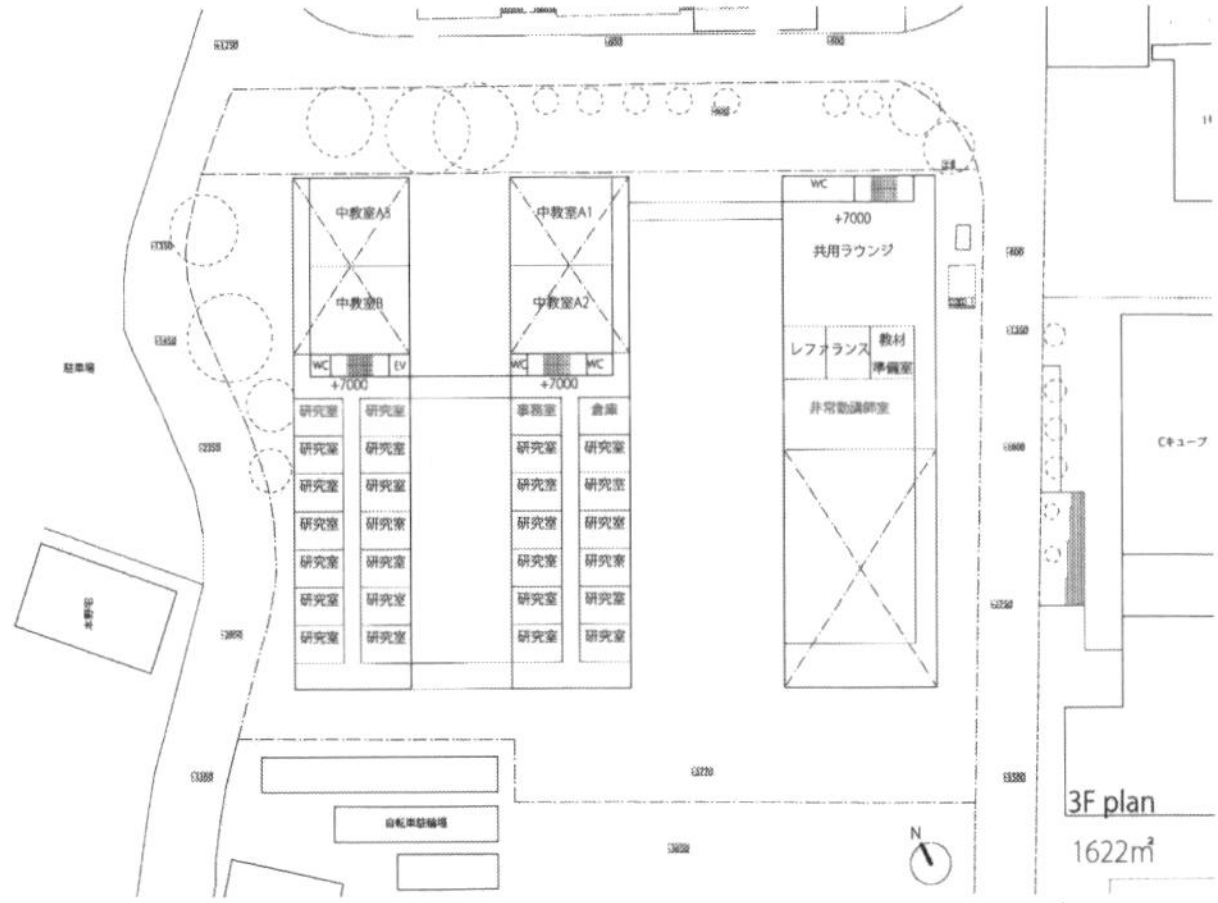

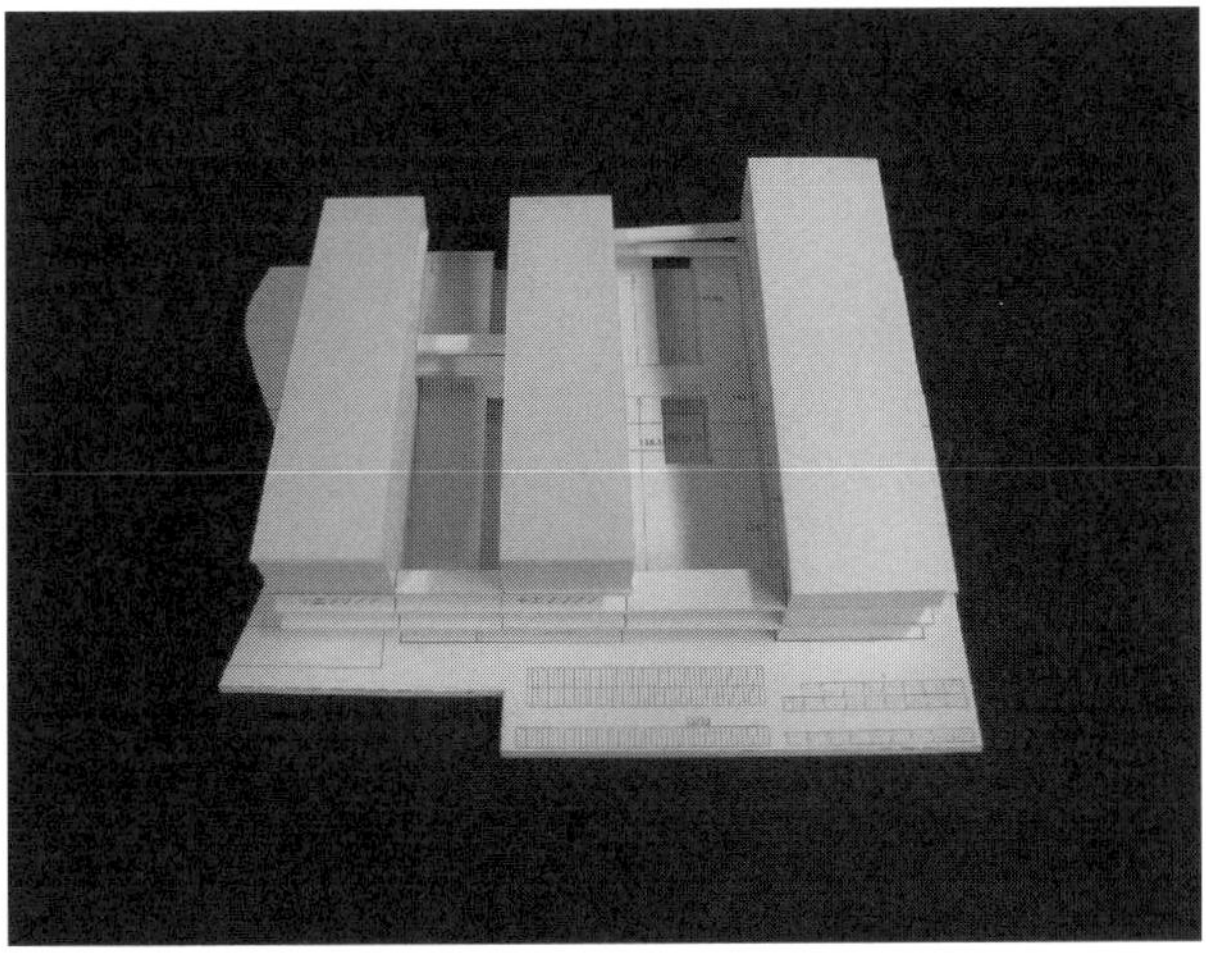

末広がりの棟の配置が、全体のキャンパスの中で異質なものであるため、広場からの眺望も生かしながら整然と教室群を配置する。

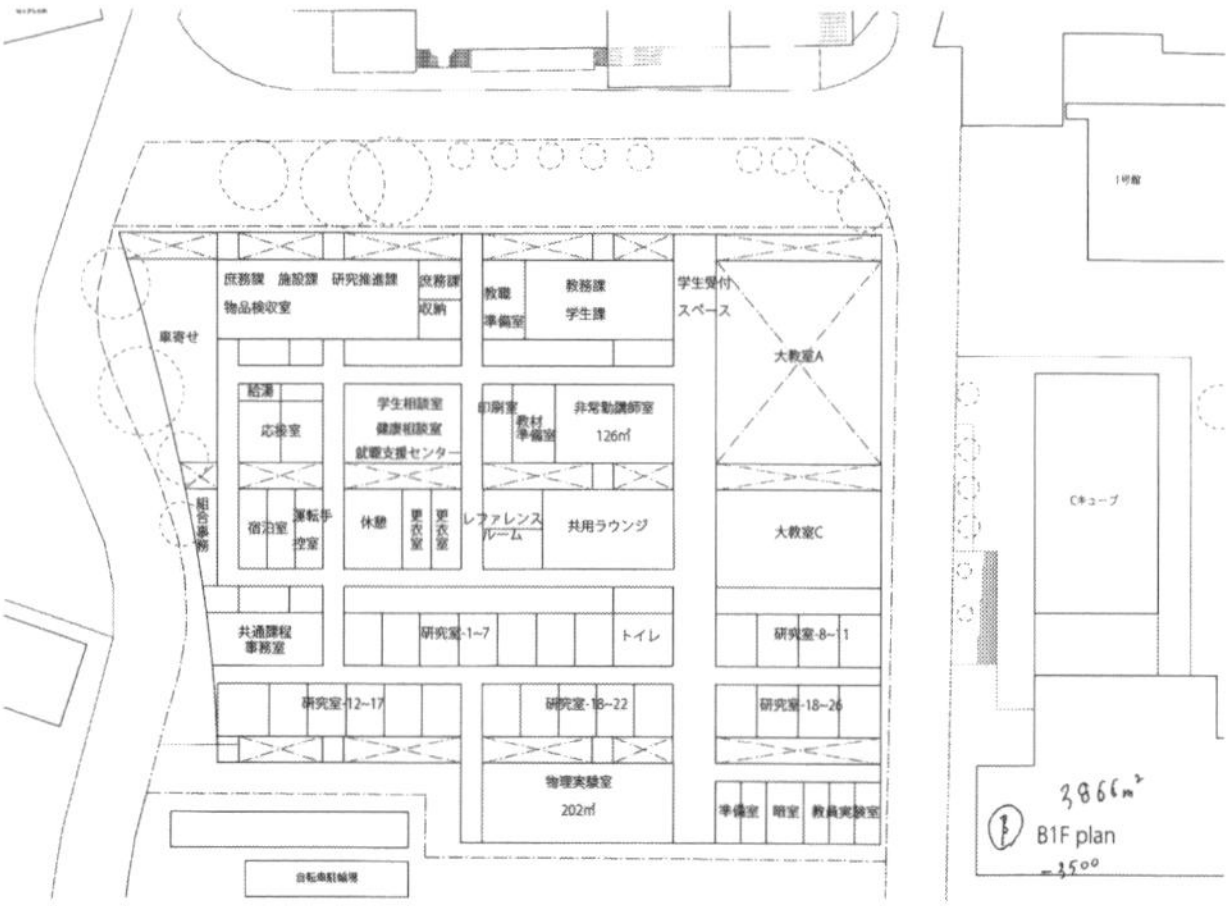

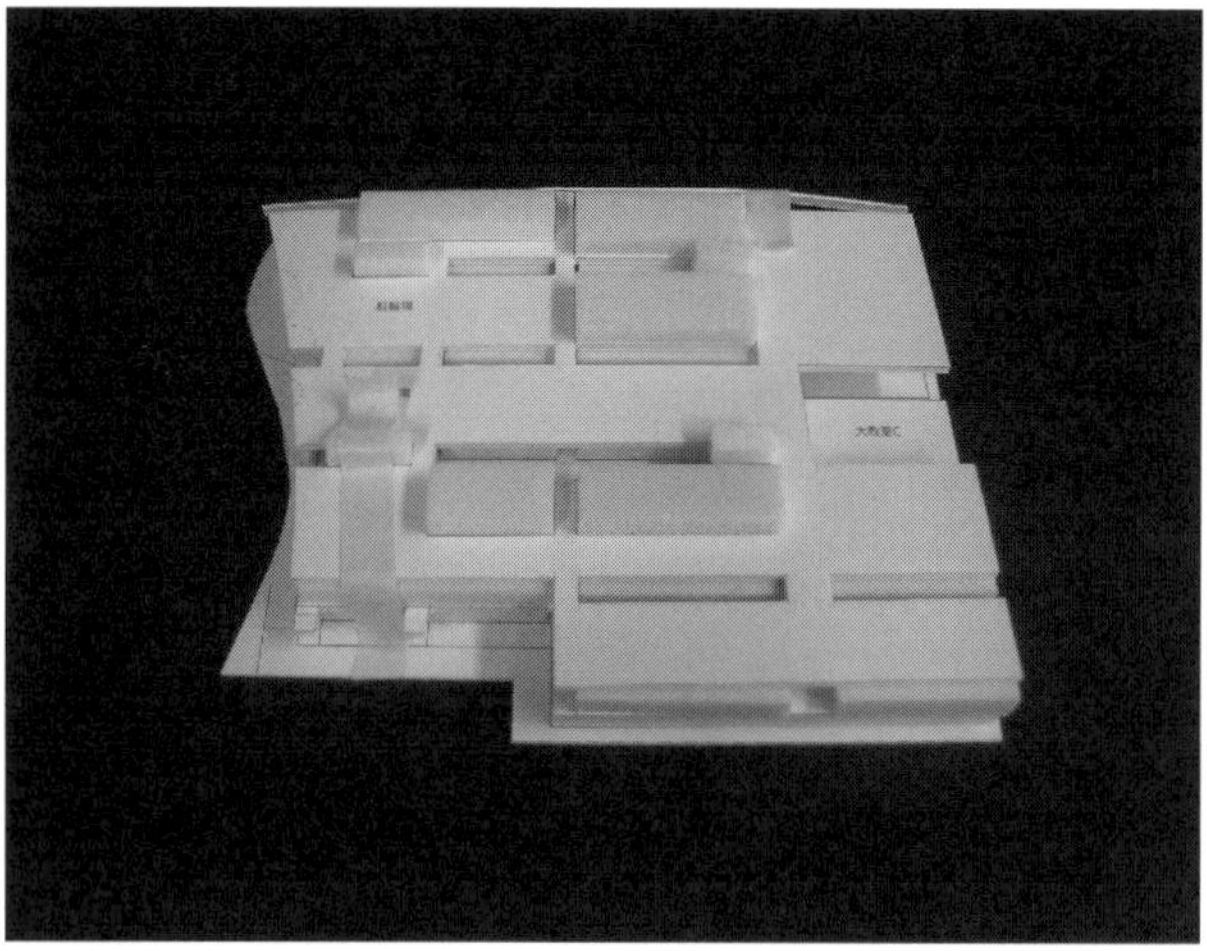

広場としての魅力が薄れてきたことを受け、可能な限り低層でやってみようということになった。屋上も広場に。教室相互の関係は迷宮のようになり、休み時間は混乱の極みか。

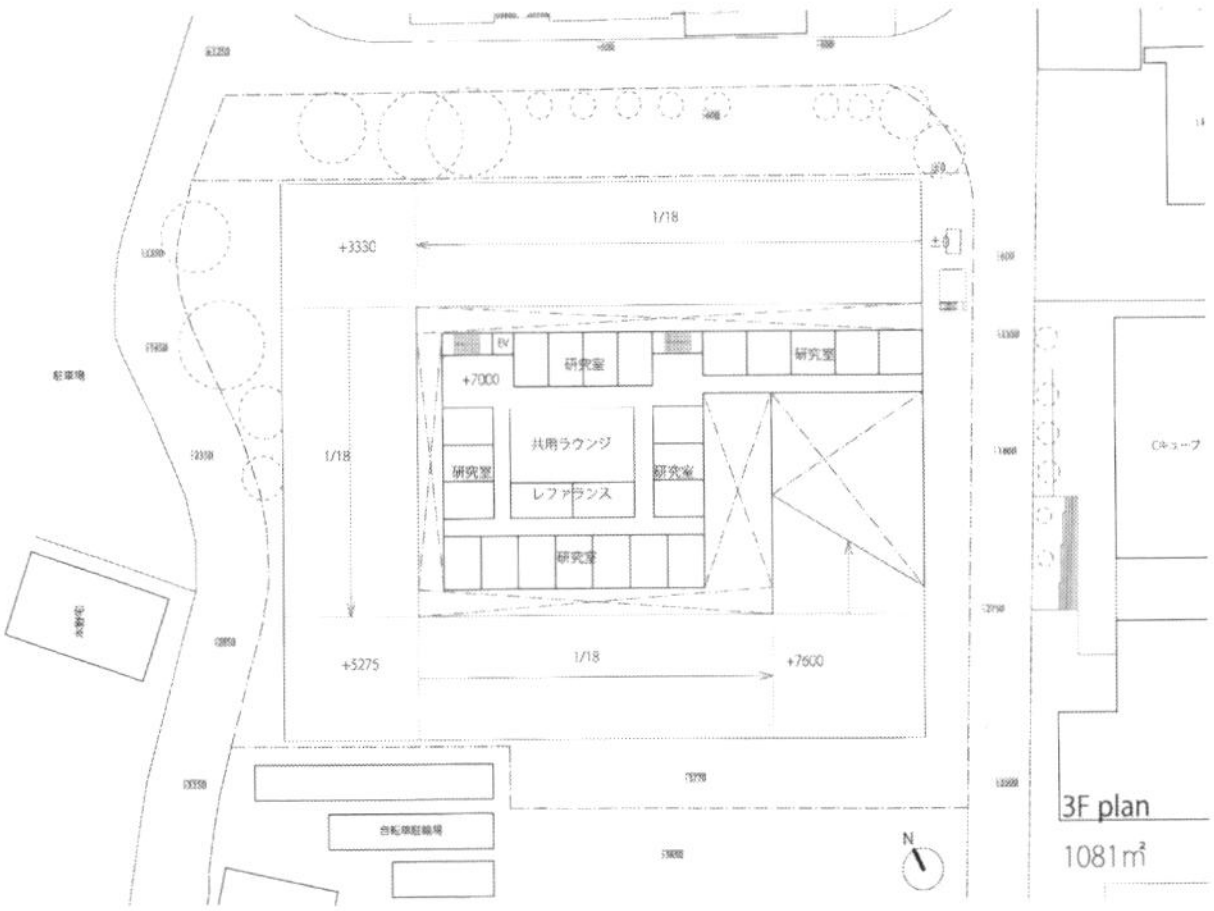

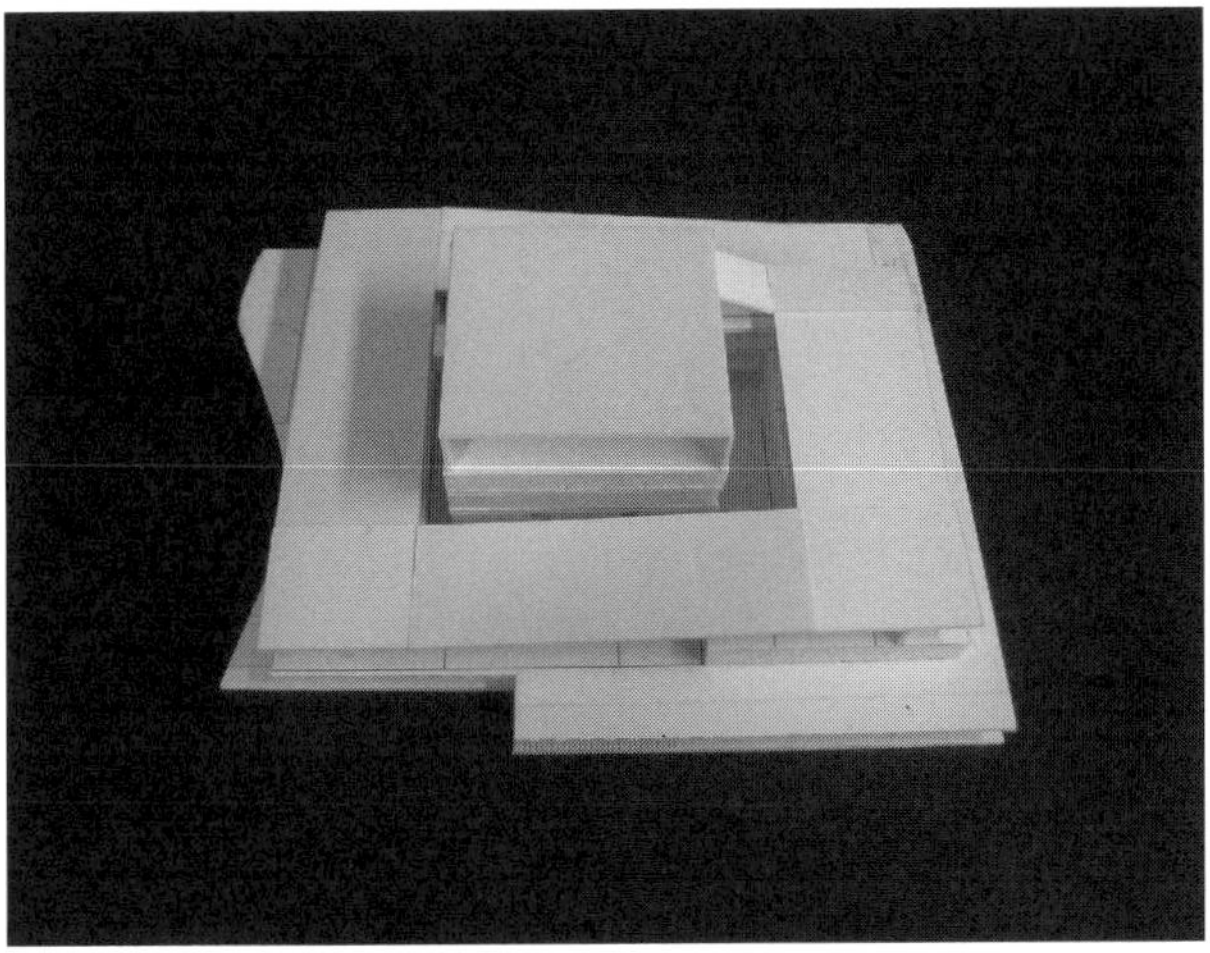

建物の屋上を広場と読み替える点を残しながら、まとめてもよい教室群は集約する。タワーと螺旋状の広場の組み合わせはシンボル性もあって良いが、螺旋の下の教室群の環境があまりに悪い。

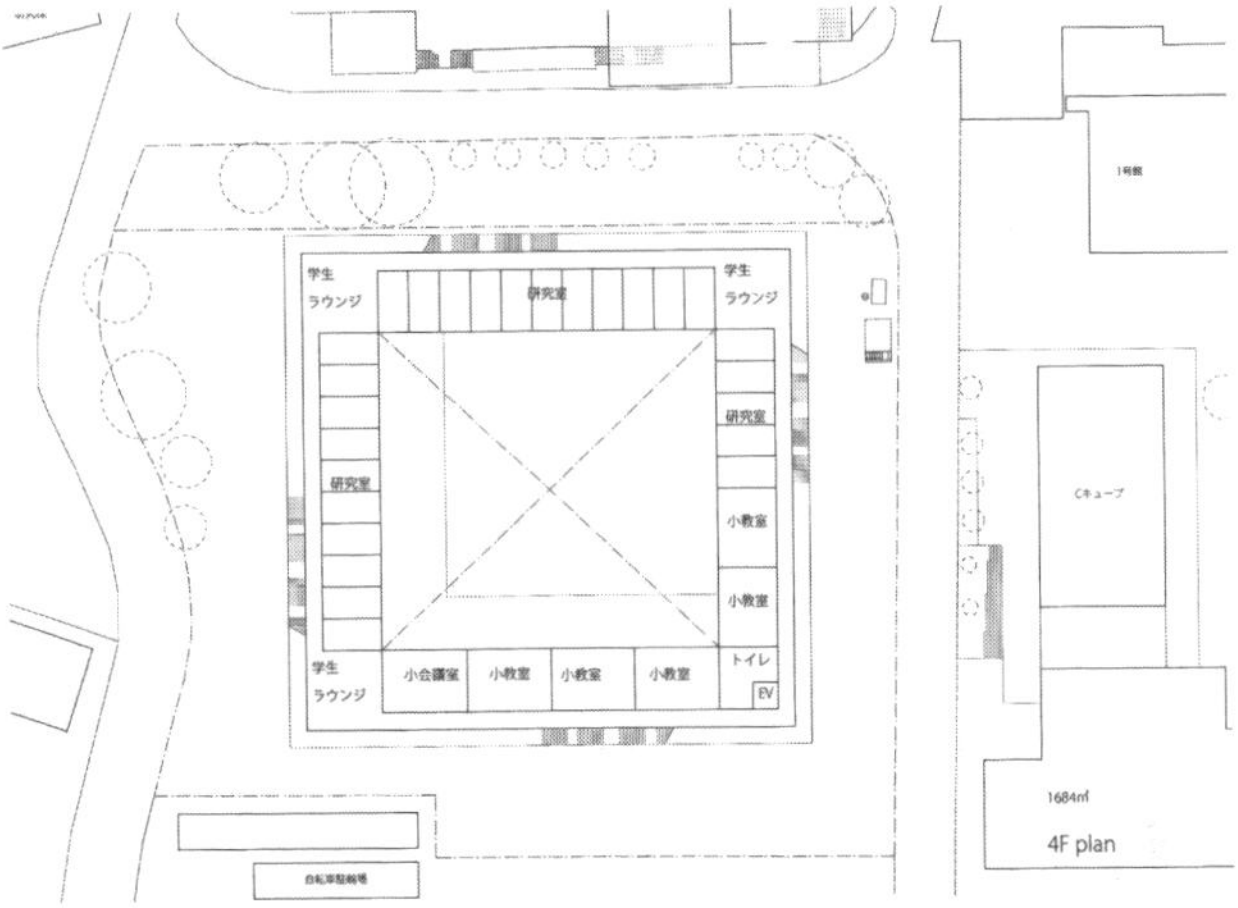

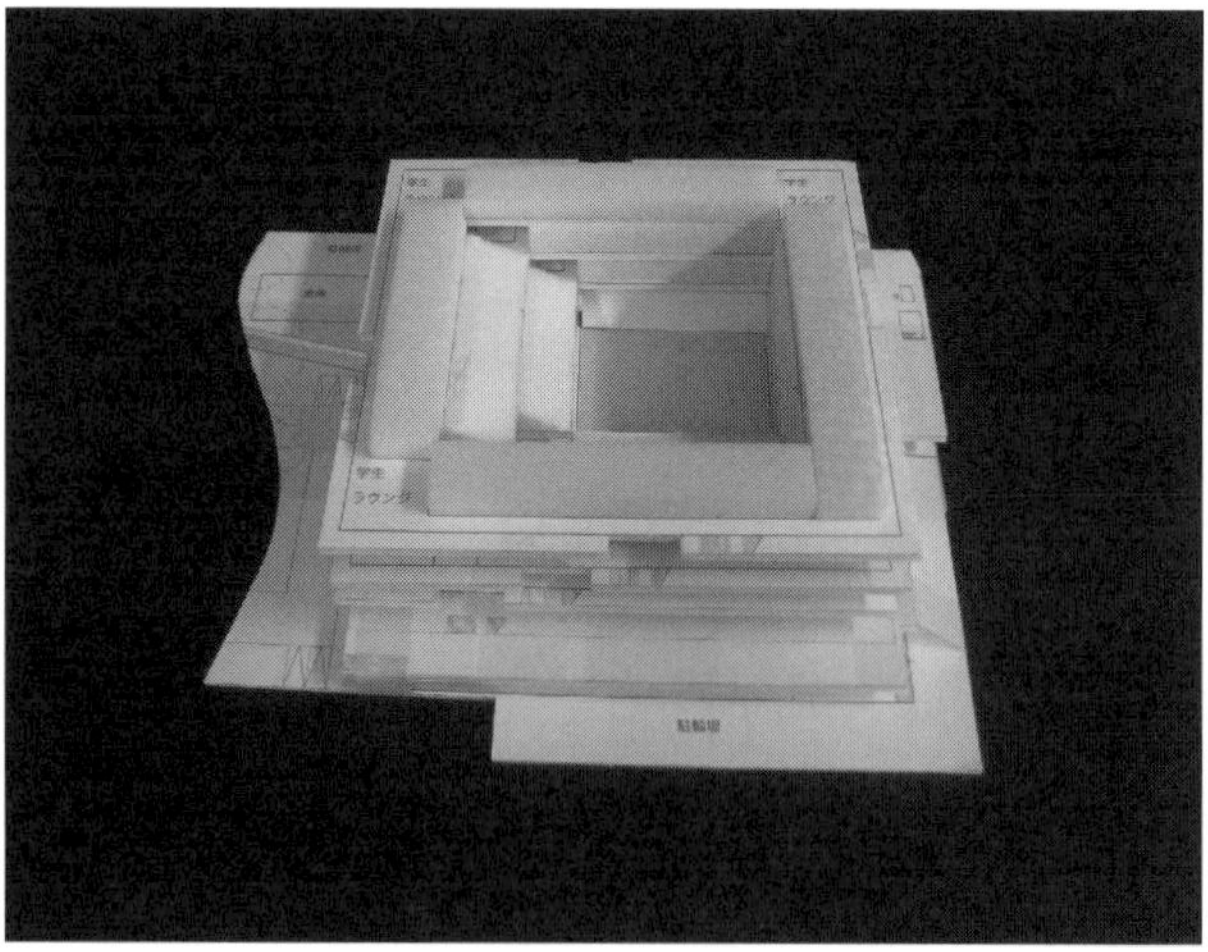

素直に中庭案をやってみる。可もなく不可もなくだが、中庭がこの建物の居住者のためだけの場になってしまいそうな点が課題。

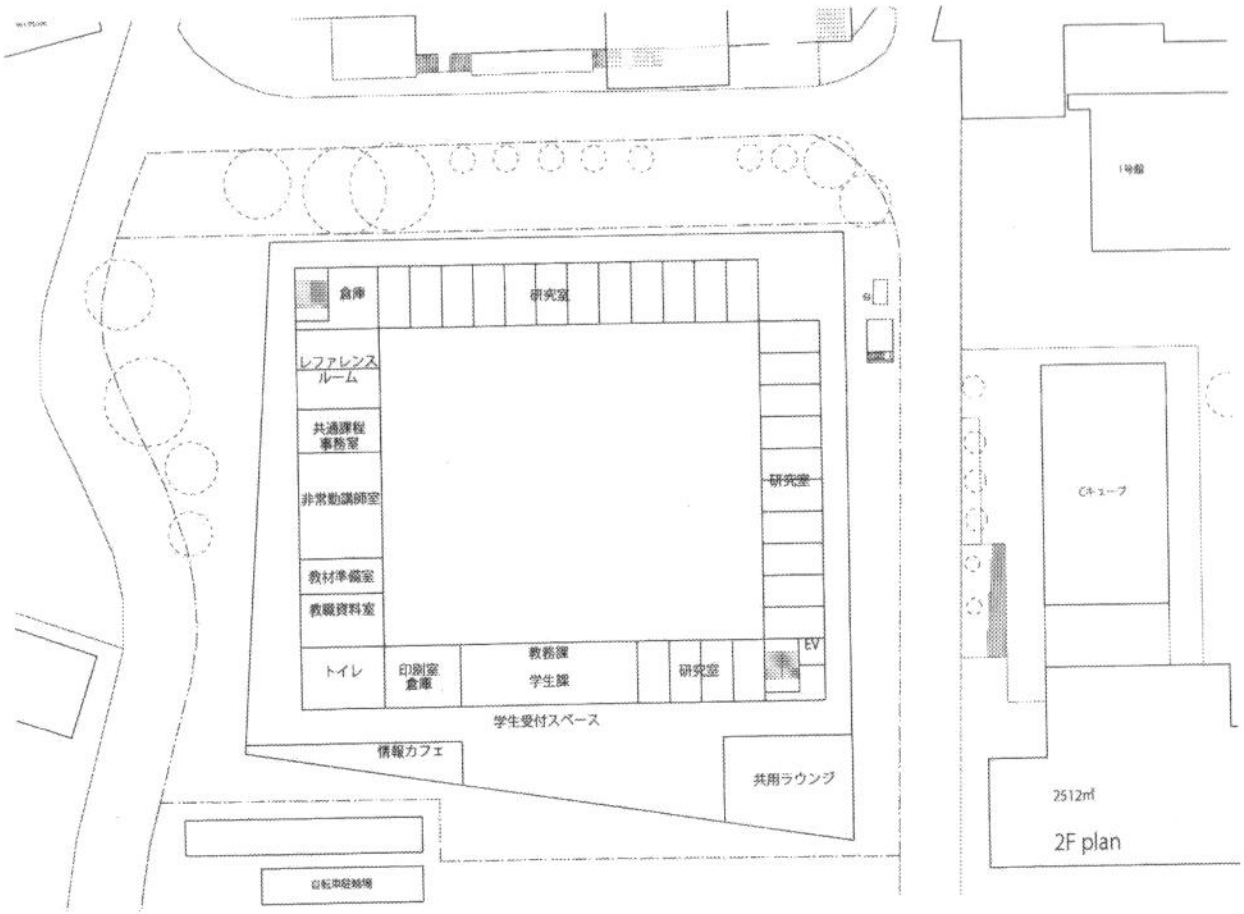

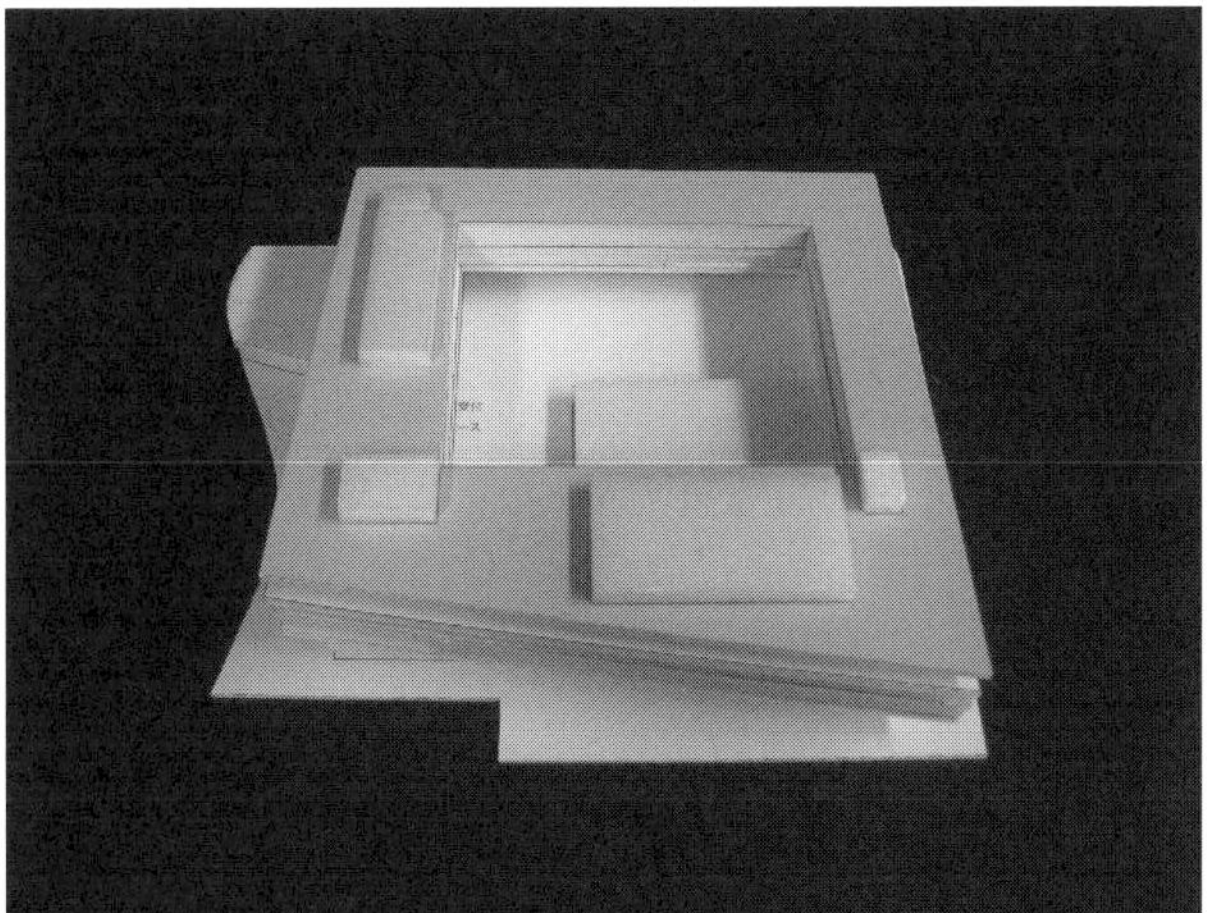

中庭を可能な限り他の居住者にも開かれるよう大きなピロティを設け、公共性の高い講義室などは、中庭に出してみる。

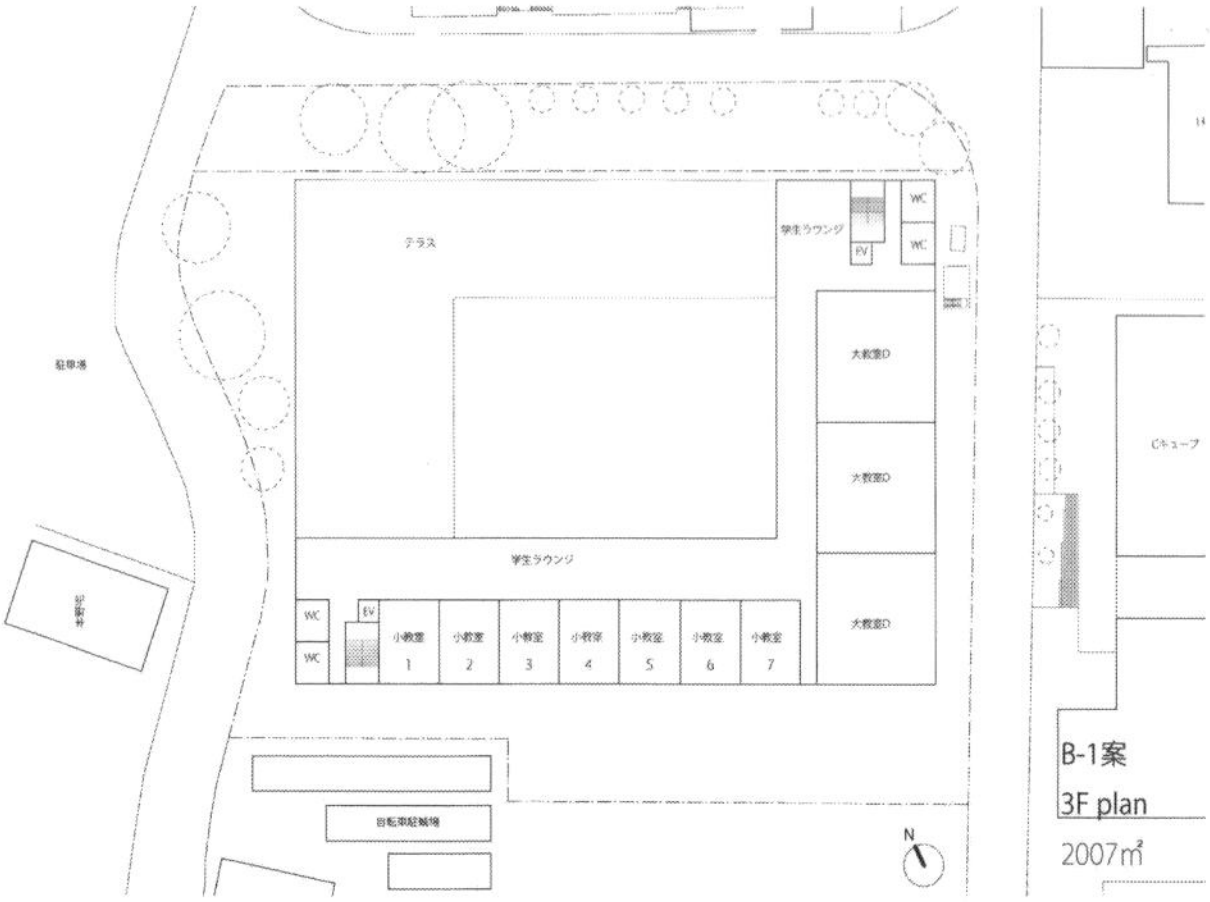

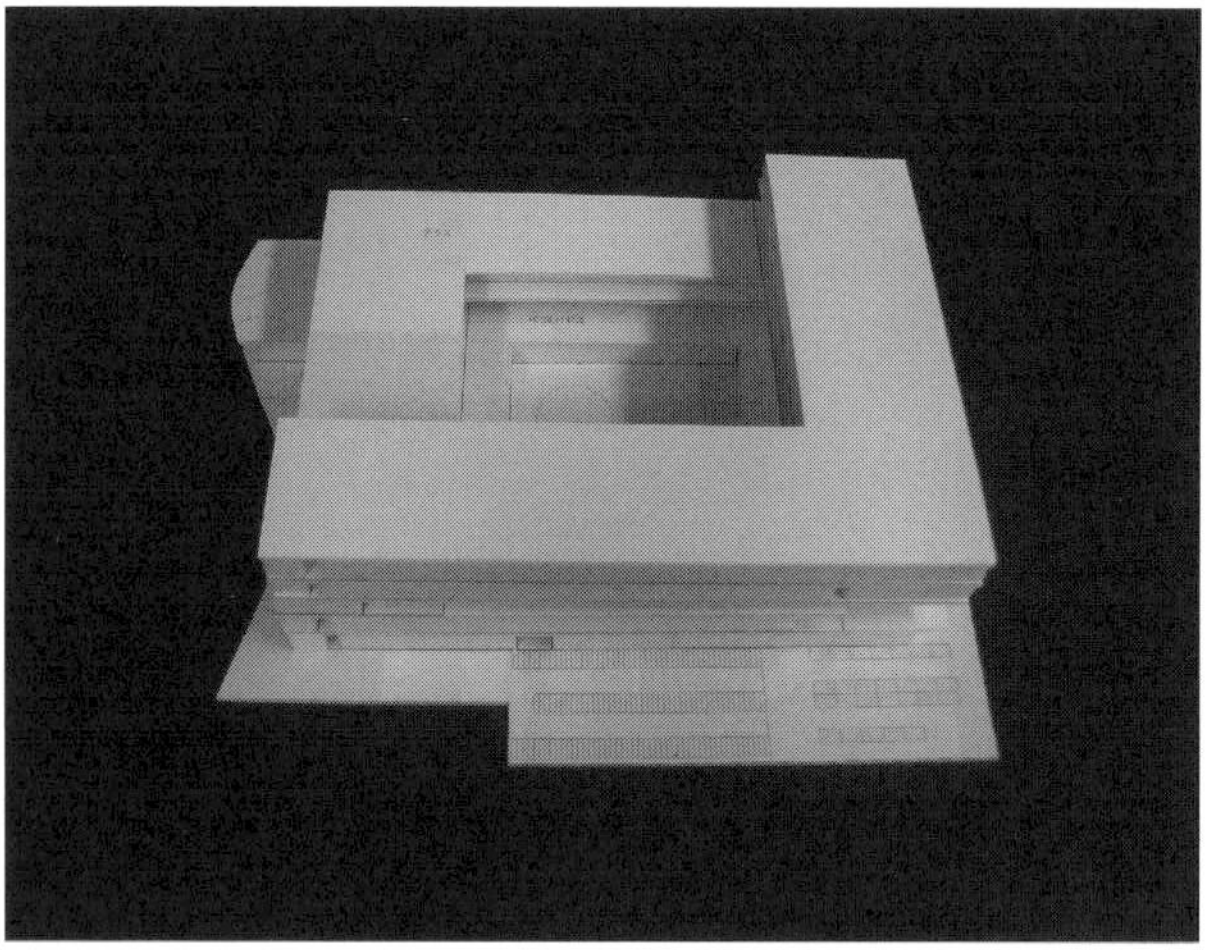

中庭を踏襲しつつ、L形2つのボリュームを組み合わせることで、中庭をより開かれた場にしようとしている。

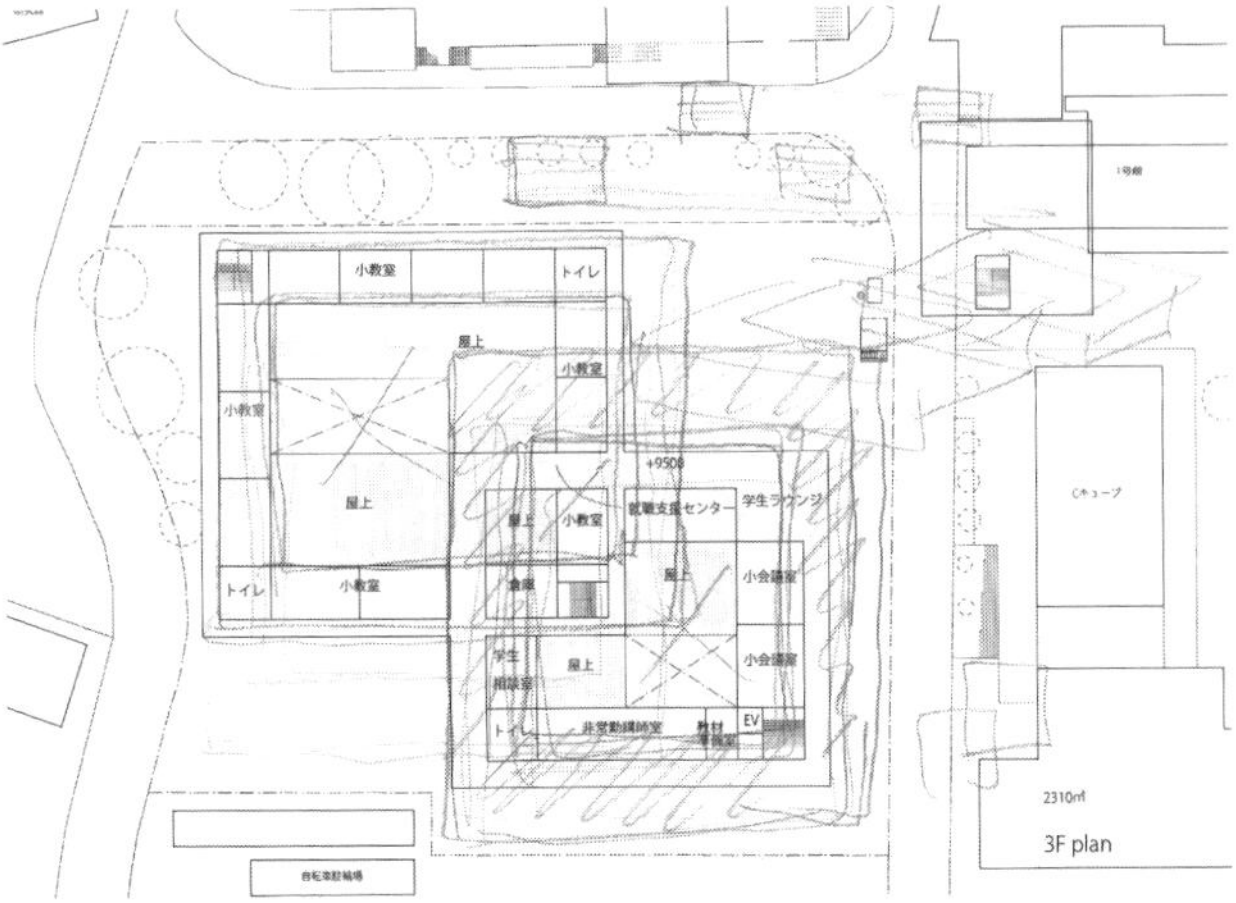

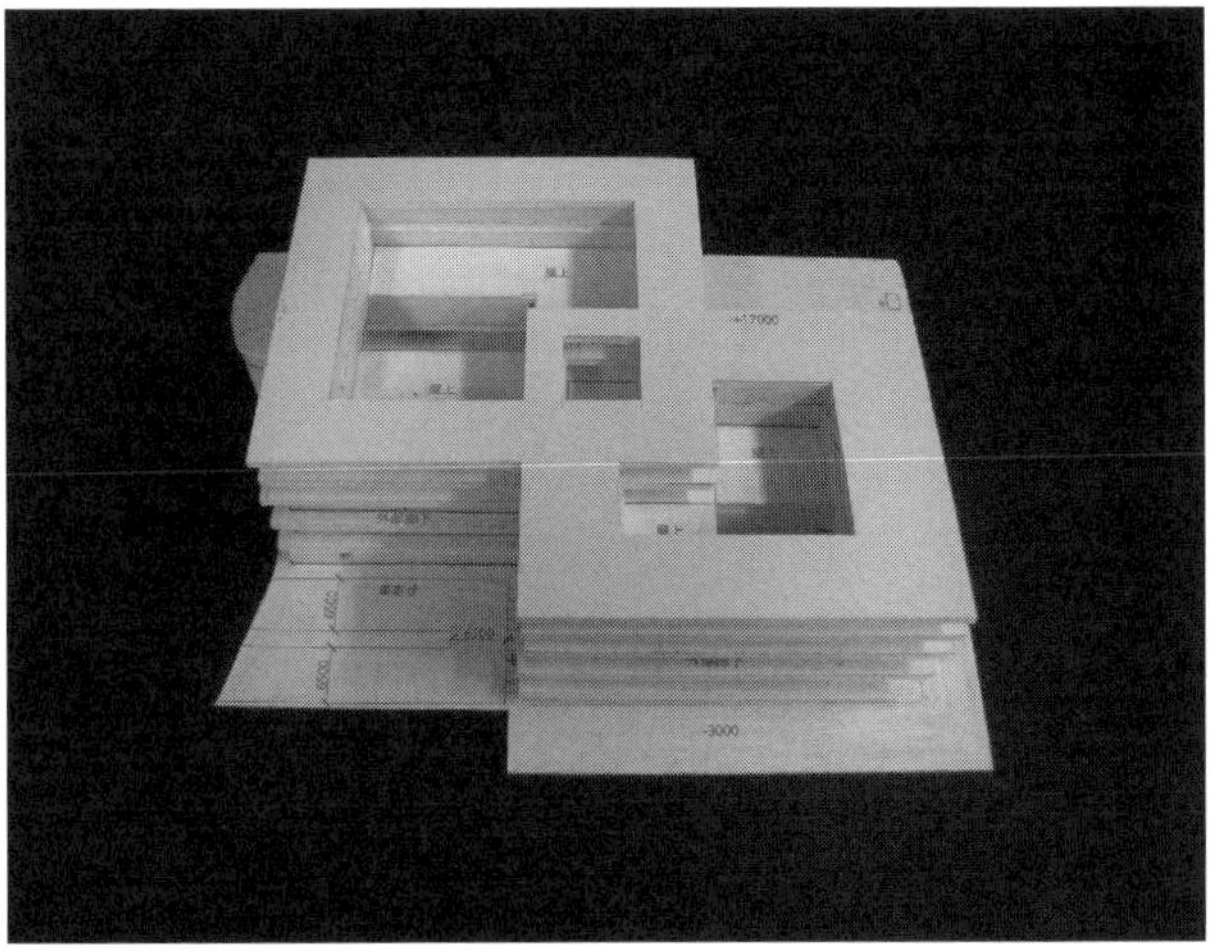

それでも中庭の閉鎖性を拭えないので、2つの小さな中庭の組み合わせとし、建物に囲われていない広場も生み出している。

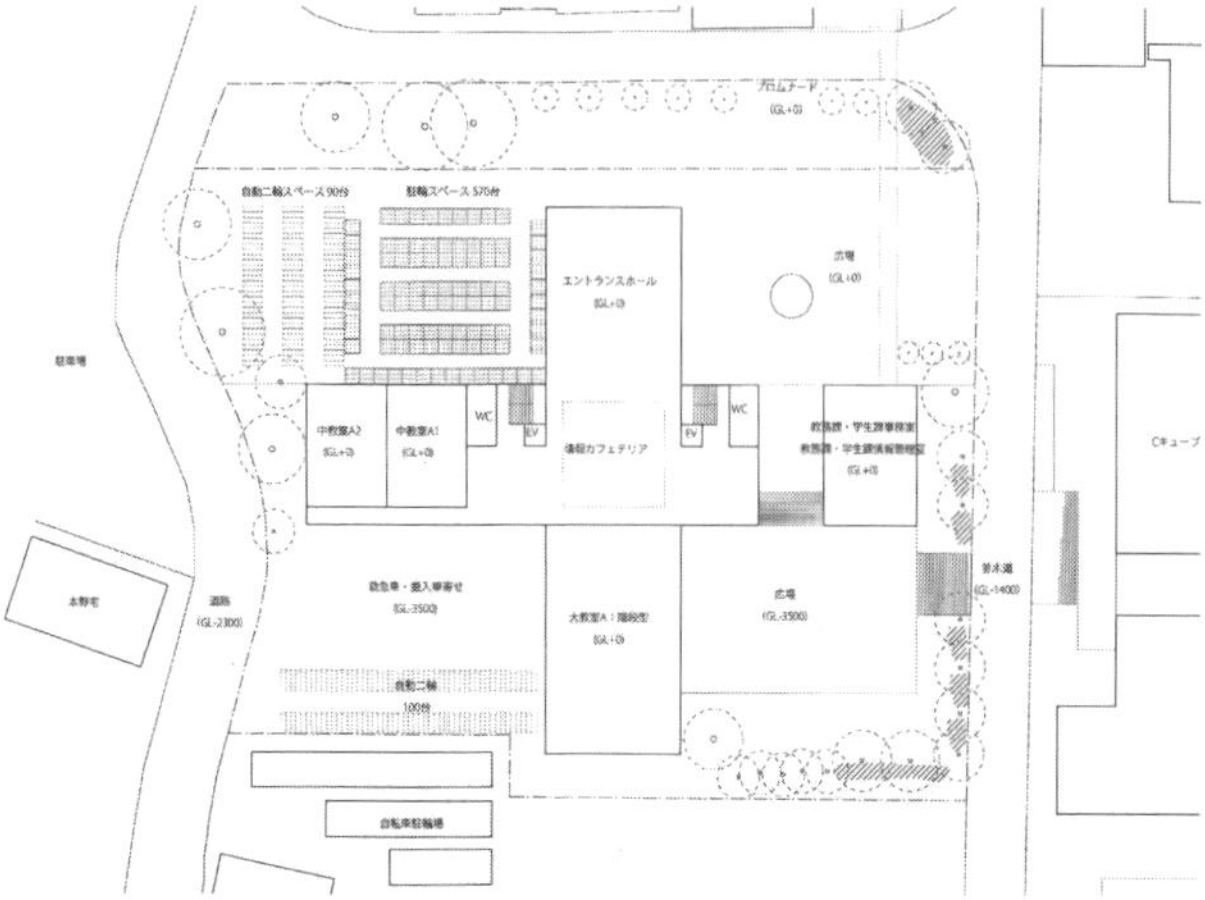

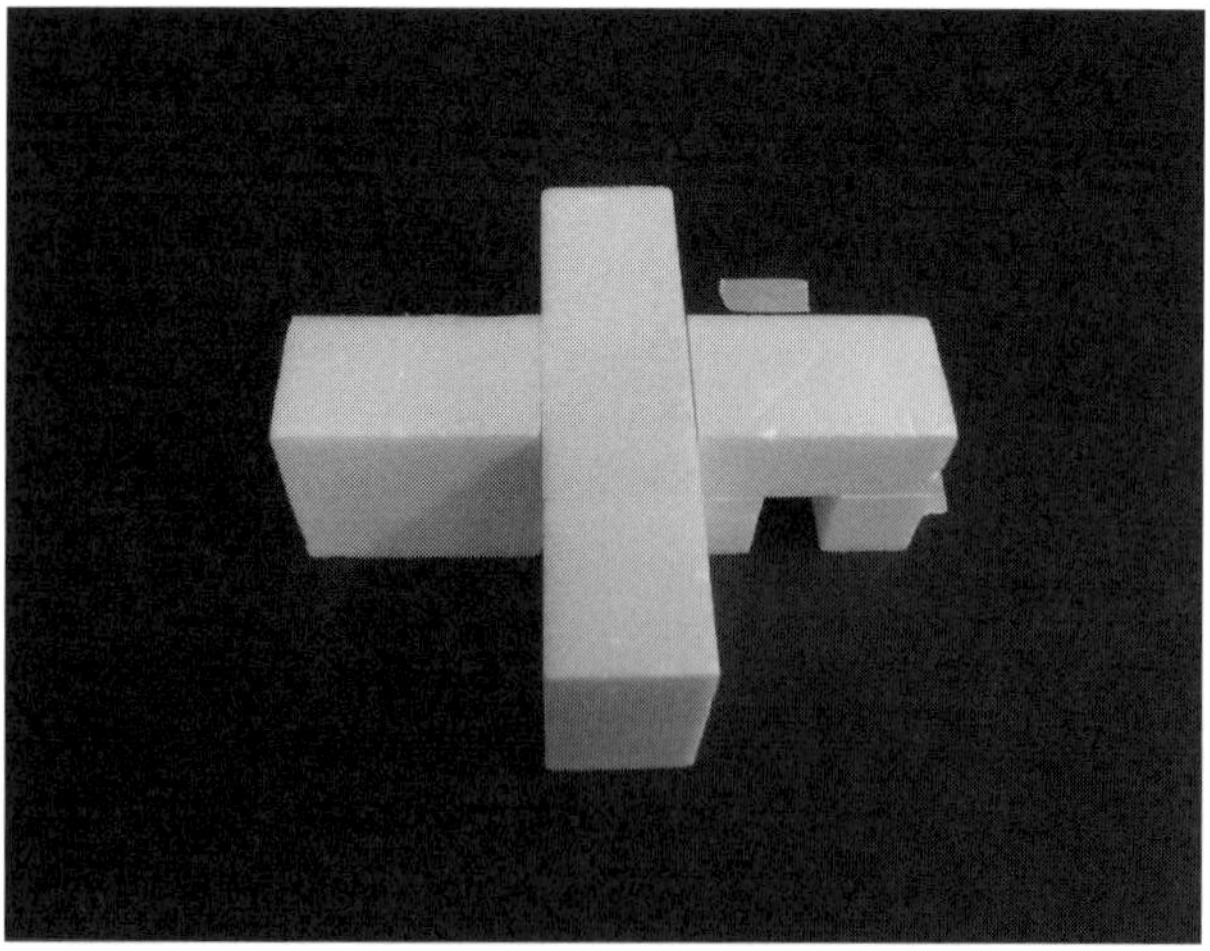

2つの中庭のスタディをきっかけに、敷地の四隅が重要な場になりそうなことに気づく。

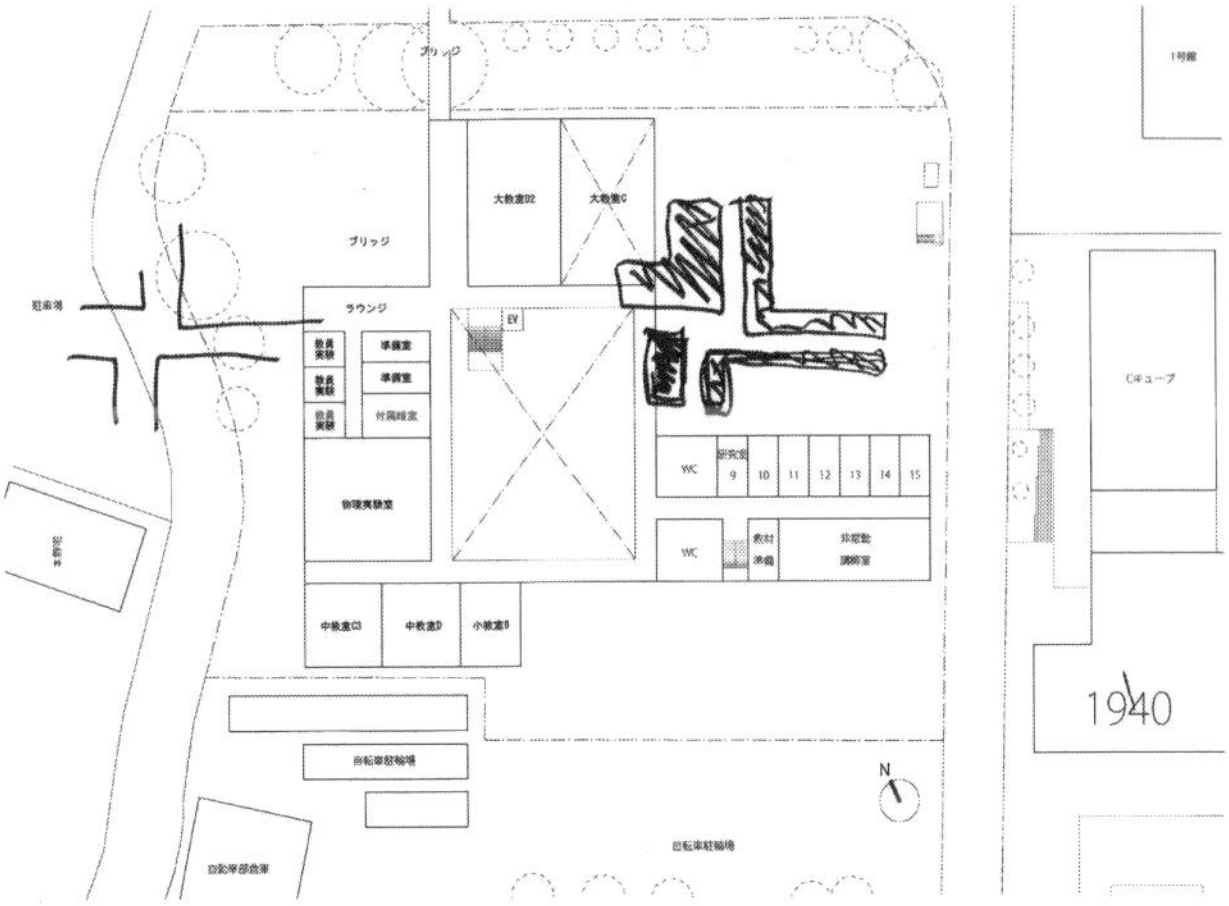

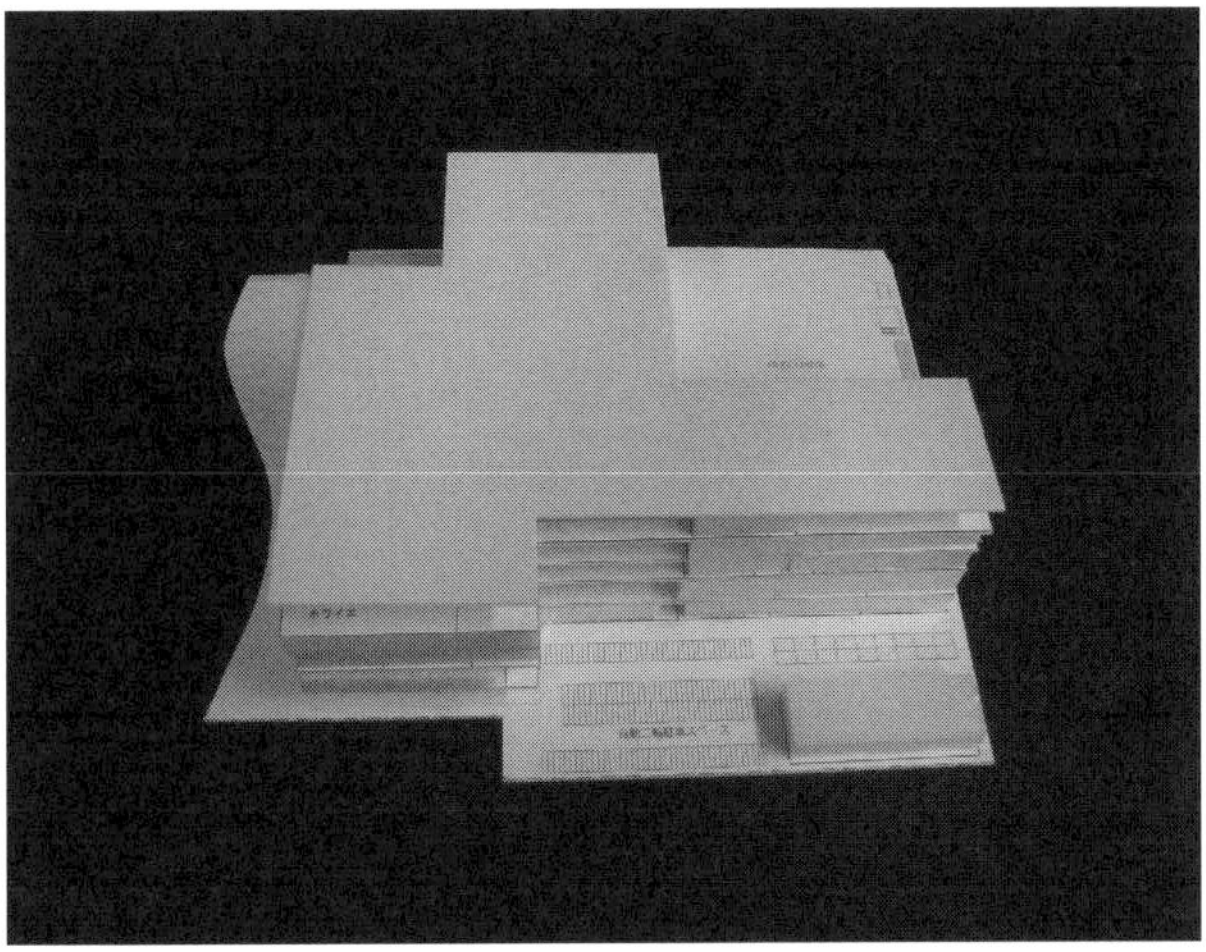

敷地の四隅を切り取って、残余として生まれたボリュームを建築化することを試みる。この案をきっかけに、一気に最終案へと向かう。

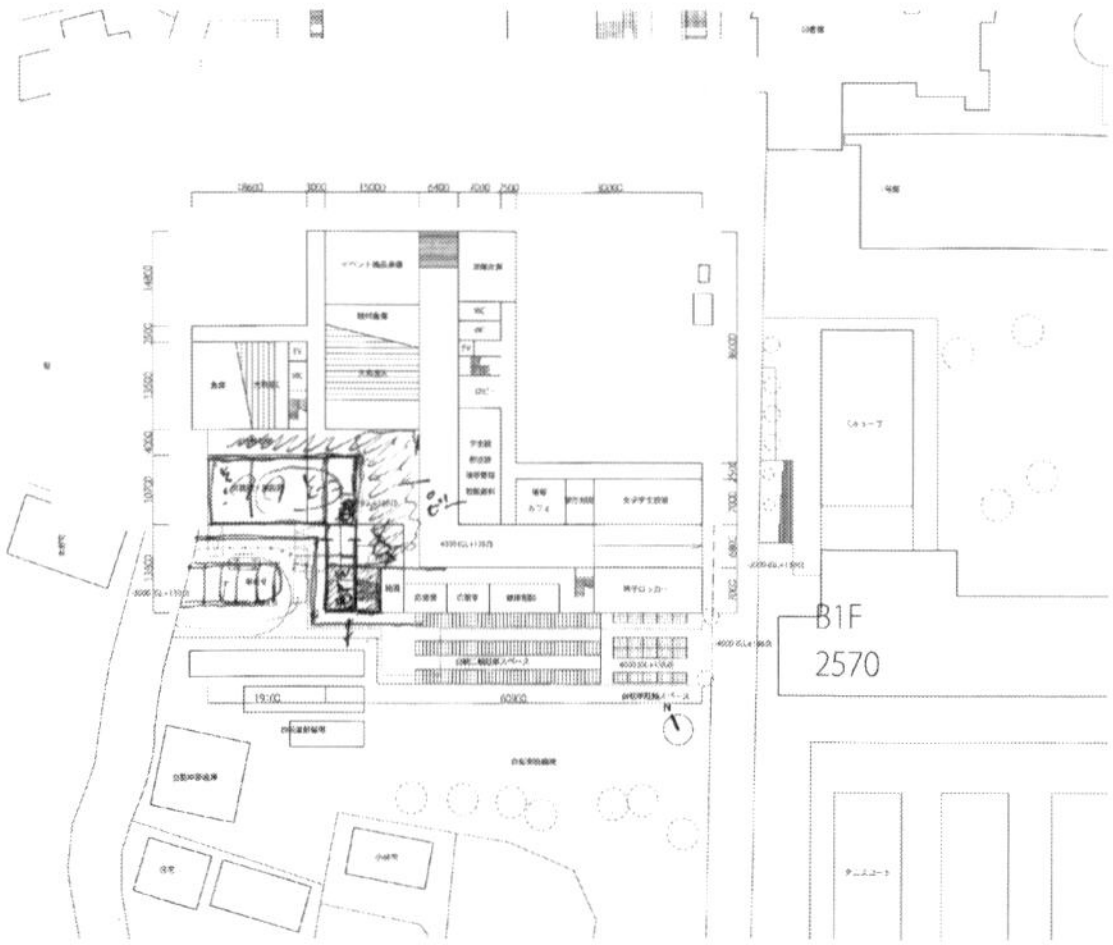

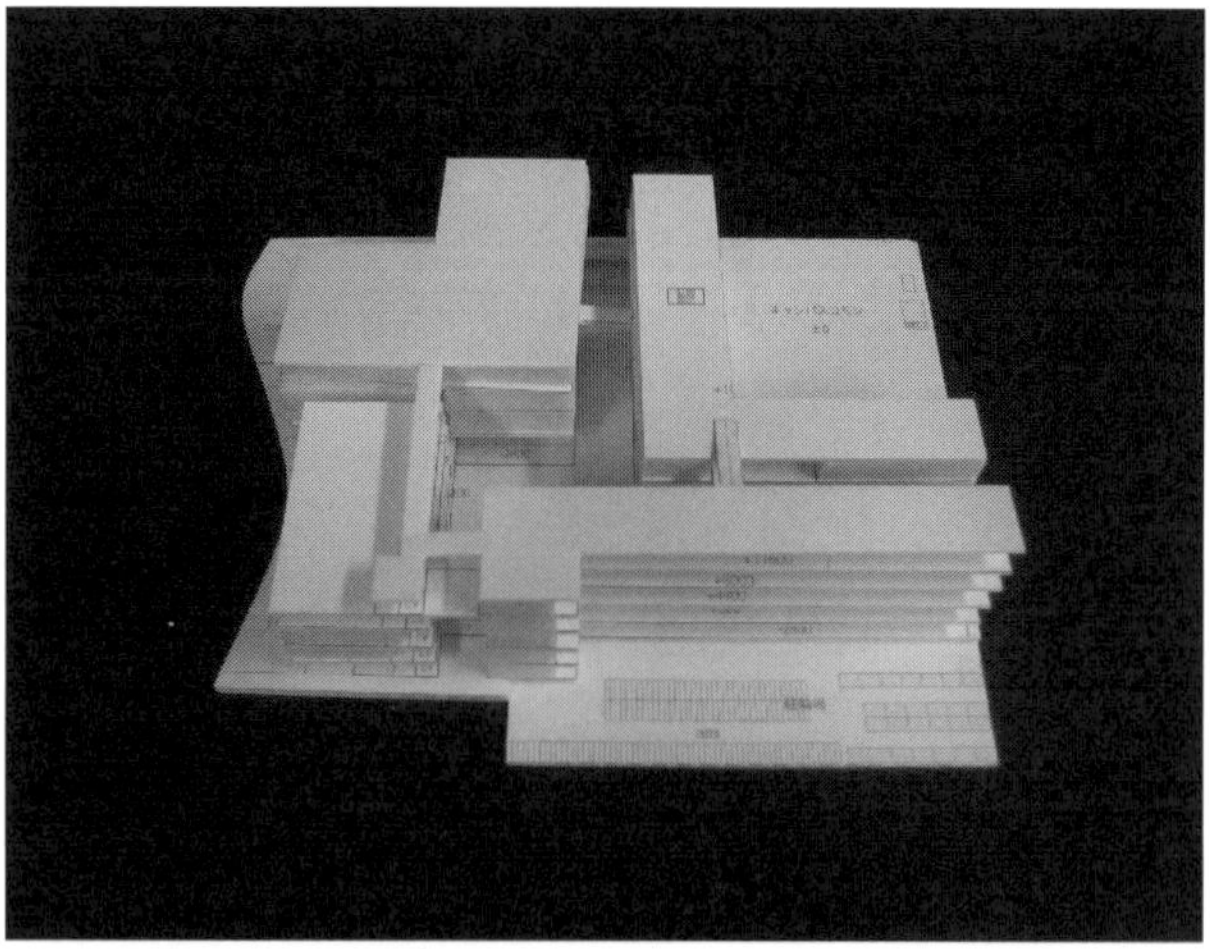

4つのL形の建物が寄り添うことで4つの広場とパサージュをつくる、この形式にはほぼ確信を持ったのだが、実はコンペ段階では、南棟に広場をつくることの意味を見い出せていなかった。提出間際になって、ここを車寄せ、つまりは様々な来客のための車寄せ広場にすれば、事務部門を擁する建物に相応しいということに気づき、最終案となった。しかしこれは、実現の段階に至って再び変更されることになる。学習支援センターという新しい部門が入ることになって、そこはテラス状の広場になったのである。

時間と空間を紡ぐこと

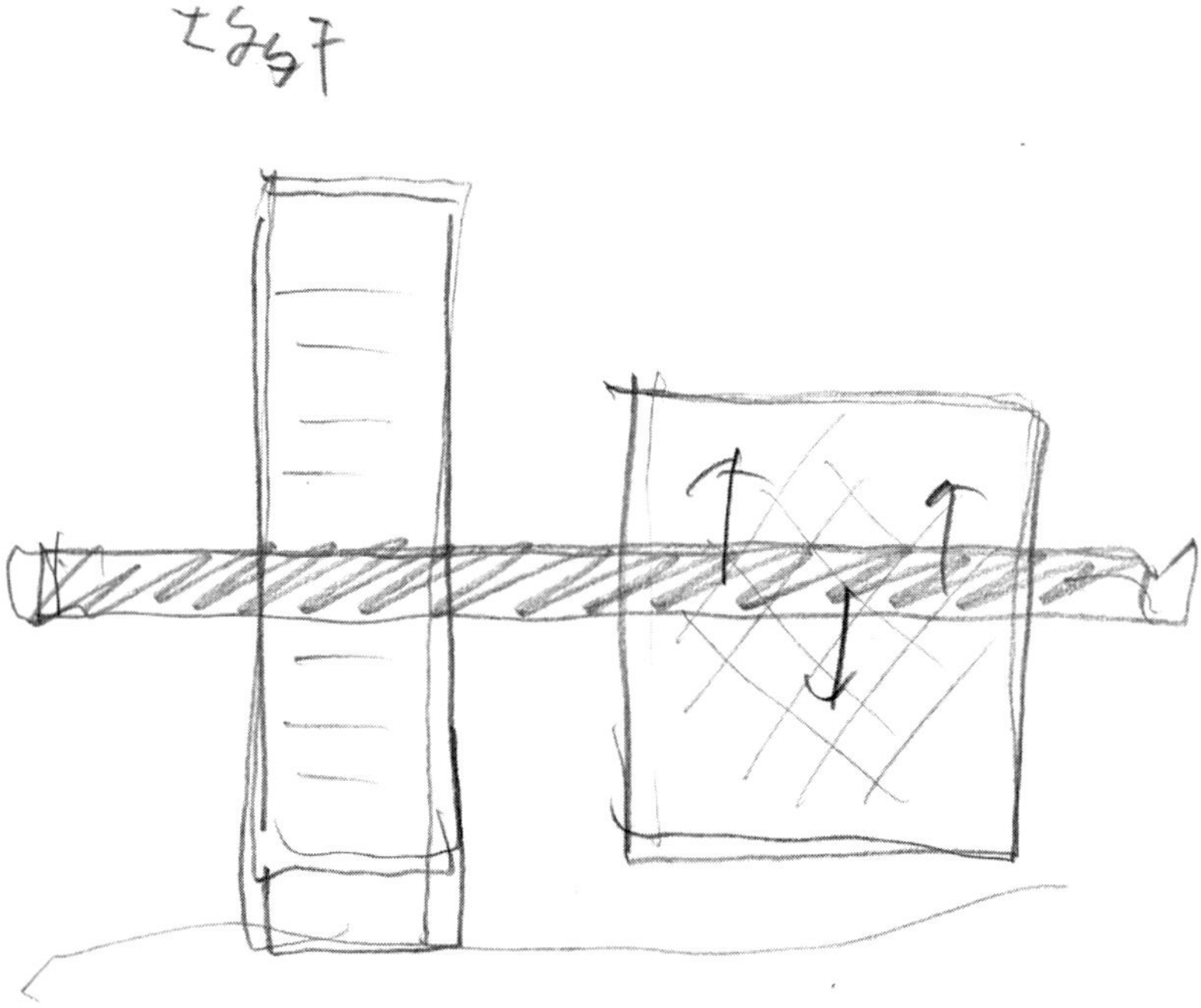

もともと増築を想定していたという今井兼次、その意志を尊重するかたちでキャノピーをそのまま延長し、そこに平面的な広がりをもった大空間をつくろうということは、かなり初期の段階で決まった。

（大多喜町役場（2012年））

これからの50年のために

今井兼次の設計によっておよそ50年前に建てられた大多喜町役場を耐震改修しつつ、そこに増築をして新たな庁舎として蘇らせる。この計画は、2009年に開催された公募プロポーザルにおいて僕たちが設計者に選定されてスタートした。2011年春に増築棟が竣工、その後約1年に及ぶ既存棟の改修工事が終わり、この度ようやくすべてが完成した。

50年も前に建てられた近代建築を使い続けようという大多喜町の英断は、もちろん夏目勝也氏を始めとする千葉県建築家協会の方々による保存運動の後押しがあってのことではあるが、それでもやはり賞賛に値する。コンペの要項が発表されて訪れた役場は冬だったこともあり、寒かった。断熱もない部屋である。あちらこちらで石油ストーブが炊かれ、気密性の低いスチール製のサッシは、風が吹けばガタガタと音を立てていた。このような状態の建物なら、建て替えた方が安いといった理屈でスクラップ・アンド・ビルドが繰り返されたとしてもおかしくはない。にもかかわらず、あえて使い続けようと決断したのだ。大多喜町の方々の勇気に応えなくてはならないと、コンペに臨んで強く思った。そして今後もまた同じくらいの年月、少なくとも50年は生き長らえるような建築をつくろうと考えた。

冗長性と象徴性

50年は使い続けられる建築に何が必要なのか。僕たちはそれを、冗長性と象徴性という、そもそも相容れないようなふたつの概念を同時に空間化することで実現しようと考えた。役場、つまりはオフィス空間として、空間の使い方に余地が残されているようなリダンダンシーを備えること、そして同時に町民が、自らの町のシンボルとして愛着を持てるような建築を考えたのである。

オフィス空間は、20世紀に最も大量につくられたビルディングタイプのひとつである。都市の床を増やし、人や情報の接触機会を最大化するためにつくられたオフィス空間において追求されたのは、どこまでも続く自由でフレキシブルな床であった。それは確かにある種の自由をもたらしたが、その一方で、そこに生まれた均質な空間は、都市が本来持っていたような不均質さや多様さとは無縁の空間であった。使い方の自由度が高く、また長い年月にわたって使われ続けていくような冗長性を備えていながら、この均質空間から脱却した空間を実現できないか、それが僕たちの掲げた大きな目標のひとつである。

そしてもうひとつの象徴性も、やはり20世紀における建築において最も遠ざけられてきた概念である。権力の象徴、富の象徴としてつくられた建築は敬遠され、また地域性も歴史性も、同じように回避されてきた。ポストモダニズムの時代に、その歴史性は一時復活したが、それは結果的に商業主義と結びついた記号性を帯びて、一気に消費されてしまった。そして近年はコンテンツの時代である。建築は相対的に力を失い、空間の「使い方」が主役になった。そこでも象徴性は、圏外にある。しかし本当に建築に象徴性は必要ないのだろうか。新しい建築ができて、その空間に人が集まるという素朴な動機は、建築が持つ何かしらの象徴性によっているのではないか。そしてこの、建築にしかできないことはやり続けなくてはいけないのではないか。だからこそあえて、オフィスというビルディングタイプにおいて冗長性と象徴性を考えてみることに価値があると考えたのであるし、それは単にオフィスとしての新しさを目指すこと以上に、これからの時代に必要とされる建築の普遍性にも通じることだと思ったのである。

改めて言うまでもないが、この大多喜町役場の空間の最大の魅力は、当時の鉄筋コンクリート造としては恐らく大スパンであったろう12m1スパンの門形フレームが4mピッチで15スパン繰り返され、実におおらかな空間を生み出していること、そしてそこに今井兼次の手仕事とも思われるような数多くの装飾やイコンが随所に設えられていることにある。そのおおらかで合理的な骨組みと、泥臭い手の痕跡の組み合わせが生み出す空間には、どこにいても、そのダイナミズムが身体に引き寄せられてくる心地よさがある。確かに手狭にはなっていたが、この役場が50年間使い続けられ、そして町民からも愛されてきたのは、他ならぬこの冗長性と象徴性故ではないかと、役場を目にして思ったのである。そしてその特質を今の時代につくる増築棟に引き継ぐとしたら、どのようなあり方になるのだろうかと考えた。

平らな床と懐の深い天井

僕たちはそれを、30m×30mの広い平らな床と、約7mという高い天井、そして木漏れ日のような光が降り注ぐ空間に見ようとした。日々のさまざまな業務、長い年月の中で変わりゆく使い方、こうした時間軸に応じた多様な活動を許容しながらも、天井は、1日の時間の流れや季節の移ろいを映し出し、この空間を柔らかく覆う。コンペ時にはこのような天井を、大多喜町の紋章（5つの頂点を持つ美しいもの）の幾何学から導かれた構造形式で支え、文字通りの象徴性を光に変換しようとしていた。しかしこの五角形がどう頑張っても合理性を持った構造形式にならないことが判明した時点で僕たちは、構造ひとつひとつの要素は単純でありながら、それらの組み合わせによって同じような質を生み出すことはできないかと考え始めた。不規則に並んだ梁が交差しては重なる、それはこの時点でぼんやり浮かんだイメージであったが、そのひとつの要素、門形のフレームが既存棟の構造要素であること、またそれらが重なることが、大多喜の町に数多く残る町家の小屋組空間にも通じることを再発見して、この案は一気にリアリティを持つことになった。さらに既存棟が細長い空間だったのに対し、増築棟が面的な広がりを持つ空間であること、また装飾的な象徴性に対して増築棟が自然現象との関係性の中に象徴性を見出すという、いわば既存棟を補完する空間になっていること、そんな幾通りもの解釈が可能になって、この形式は確信が持てるものになったのである。

既存棟の梁方向から45度振れたかたちで展開するbuilt box（製作のボックス梁）の大梁、そこに乗っかるかたちで直行するH型鋼の小梁、さらにその上にまた別の方向でトップライトが重層する。この一見単純な形式は、その後この増築棟が抱える数多くの与件に呼応しながら、微細な進化を遂げていく。そもそもこの敷地は、街区の内側に隠れているという不思議な立地条件を持つ。住宅に近接するところもあるので、壁にするところ、ガラスにするところは周辺環境に応答して決定される。既存棟の庇から増築棟へと伸びる強い軸線は、増築棟で柱を落とせるところ、そうでないところを規定する。45度に梁をかけるという時点で、各々のスパンは異なるし、梁が負担する面積も変わってくるため、それをどうバランスさせるかで梁間寸法も変わってくる。こうしたいくつものパラメータが反映されて、結果的にこの交差する梁は、梁間寸法も梁成も微妙に異なる揺らぎを持ったものとなった。それは決して均質なグリッドではないが、しかし恣意的でもない、新たな水準の合理性の現れとしてある。トップライトからの光は、小梁レベルのハイサイドからの光と相まって、小梁や大梁に幾重にも反射し、柔らかく空間に降り注ぐ。この深い天井懐は、業務の合間にふと見上げて視線をどこまでも泳がせていくことのできる余白であり、また大多喜の自然を映し出す鏡のようなものでもある。

曖昧な全体性

さて、増築棟が完成していよいよ既存棟の改修が始まったのだが、ここで僕たちは、今井兼次とさまざまなレベルで向き合うことになる。庁舎建設検討委員会、町の職員など、関係者との対話、さらには現場で露になったモノとしての建築と向かい合うことを通じて、案は二転三転する。それとともに、改修に対する僕たちのスタンスも変わり続けた。そもそも今回の改修は、耐震改修という時点ですでにオリジナルに戻すといったことは期待できない。プログラムも違う。そして実際僕たちが設計を始めた時点で目にした姿には、当時の実施設計図面とも異なる点が多々あった。もちろん今井兼次が現場で数多くの変更を加えたことは容易に想像がつくが、この50年の歳月の間に幾多の改修も施されていたのである。何がオリジナルかを問うこと自体、難しい。そこに手を加えるわけだから、目標も判断の拠り所も見えにくい。

それでもなお改修においては、常に既存建物の読み取りと、それに対する応答／判断のあり方が問われる。コンペ段階では、門形のフレームがつくる空間を顕在化させると共に数々の装飾的金物などをすべて保存することを唯一の指針としながら、全体は新しい増築棟のためのゲートとなるよう、部屋の配置も間仕切りも比較的自由に計画していた。その後の実施設計においても、プログラム上の変更、つまり業務機能はすべて新築の増築棟に集約し、議場を残しなから不足している会議室を補填するというリクエストに対し、フレキシブルな間仕切りで対応するという具合に、既存フレームになるべく触らないような計画としていた。そのスタンスはどこか、既存の躯体と新たに手を入れる部分との対比という、改修においてとかく陥りやすい罠に嵌ったものであったのだとも言えよう。

このスタンスが大きく変わったのは現場に入り、解体作業が半ばまで進んだ時である。仕上げも剥がされ、不要な壁も撤去された時点で露になった空間は、よくも震災に耐えたと思えるほどに透明感に溢れ、それでいて力強い空間であった。そして決して原理原則などに縛られていない即興的とも思えるディテール、優しさとユーモア溢れる造形に触れるにつれ、もう少し当初の姿に寄り添った、あるいは今井兼次との対話を楽しむようなあり方はないものかと思うようになった。細かい間仕切りはなくし、不用意な可動間仕切りもやめて当初の事務室空間のおおらかさはそのまま残し、その上で場所ごとにその都度答えを見つけていく。そう思った途端、現場は大変なことになったし、やることとも膨大に増えたのだが、ずいぶん気が楽になったところもある。今井兼次ならどうしただろうと想起してみたり、逆に今井兼次すら思い浮かばなかったであろう、僕たちなりの再編集を試みてみたりしながら判断を蓄積した。

スチールサッシはオリジナルのサッシを一旦撤去した上でオーバーホールし、金物を取り替えて再設置、新たに付加したコンクリート壁は、元のスギ型枠ではなく、普通型枠の2×6版を横使いで打設、コンクリートの補修も必要最小限にとどめ、浸透系の保護材で全面補修した。後で設置されていた風除室は撤去して、新たにスチールでつくり直し、既存照明はすべて元の場所に戻した上で、足りない照明はLEDで補う。金物はすべて残して再利用しながらも、取り付ける場所は新たなコンテクストの中で別の場所になるものもある。人研ぎの床は可能な限り残し、補修しなくてはならないところは黒御影石で補修、また人研ぎの受付カウンターは、場所を移してベンチとして再利用、天井や壁の仕上げは、もともと使われていたゾラコートやパーライトを使い、色もなるべく元の通りに合わせた。議場の壁紙は思い切って新しくし、ウイリアム・モリスの壁紙に貼り替える。木製の枠は、オリジナルの色が分かるものはなるべく再現し、新たに付加したものは、クリアで仕上げる、といった具合である。

こうして蘇った旧庁舎は、どこからどこまでが元の姿で、どこからが新しく手を加えた場所か即座に分からないような、しかしよく見てみれば、どこかに痕跡が残っているような、そんな曖昧で複雑な全体性を持った空間となっている。新しいとか古いといった乱暴な枠組みで捉えるのではなく、むしろひとつひとつの改修の履歴が地層のように蓄積した空間である。

今井兼次と大多喜町から学んだこと

既存棟の計画を現場で再度見直そうと考えたのには、実はもうひとつきっかけがあった。増築棟が完成した折の竣工式でたまたま隣に座った町長が、「全部完成したら、竣工式をやる場所がないね。」と耳元で囁いた。もちろんその言葉に他意はなかったのだが、僕にとっては正直、青天の霹靂であった。大勢の人が一堂に会する場所がない、それは役場にとって致命的ではないか。

人口1万人程の自治体にとって、役場はさまざまな意味で町民の拠り所でもある。日々の些細な手続きから始まり、ちょっとした相談事でも役場を訪れる。健康診断や予防接種、不在者投票など、実に多くの行事を役場が引き受ける。こうしたことから想像すれば、役場は単なる拠り所を超えて、祭典の場でもあり、講演会の会場であり、町歩きの拠点にもなる、文字通りたくさんの人が集まる公共空間として期待されているのだ。人が集まる場所がないなどということは、あってはならない。僕は町長の言葉に目が覚める思いであったし、また大多喜の役場のありようを改めて理解したようにも思ったのだ。会議室をたくさんつくるために用意していたパーティションを取りやめることは、その後町長自らも関係各所の調整に乗り出して下さり、かつての大きな事務室空間は、そのまま町民や職員が自由に使うことのできる多目的ホールとして蘇ったのである。

改修にあたって、このように大多喜町の方々に助けられたことは、他にもたくさんある。スチールサッシは当初、型材を使ってすべてつくり直す予定でいた。気密性や水密性の問題がクリアできないと思ったからだ。しかし現場の進捗とともにオリジナルのサッシの魅力を残したいという思いは強くなり、再度メーカーとともに再利用の可能性を検討し、戸車やレール、クレセントなどを取り替えればまだまだ使えそうだということになった。そのことを恐る恐る役場の方に相談に行くと、「使えるなら構いませんよ」とあっさり了承される。バルコニーの手摺も同様である。もともとのPCの手摺はぼろぼろだったので、再度同じ断面で作り直すことにしていたが、そもそも高さが650mmしかない。だから設計では、1、100mmの高さまでスチールの手摺を付加することにしていたのだが、役場に何度も通ううちに、この庇や手摺が作る水平線に、もうひとつ線を加えることは、やはりなんとしても避けたいと思うようになり、不特定多数の人が使う場所ではないので、元の姿のままにしたいと申し出た。そしてやはりそのことに、深い理解を示してくれたのである。

思い返せば増築棟のサッシをすべて引き違いにして、自由に出入りしたり、換気ができるようにしたのも、旧庁舎での打ち合わせの過程で、職員の方がちょくちょく引き違いのスチールサッシを開け閉めしながら換気したり出入りしている姿が目に焼き付いていて、その振る舞いが続いてほしいと願ったからだ。

建築をまるで服の延長のようにして使いこなしている姿、それは大多喜の自然が身体化されているからこそできる所作なのだろうとも思うし、なんとも幸せな人と建築の関係であるとも思う。そして使えるものは使う、壊れたら直す、暑かったら窓をあける、危なければ注意する、愛着のあるものは大切に使う、こんな当たり前のことを日常としている清々しさは、50年前の建築と向き合ったからこそ気づかされたことなのかもしれない。

時間と空間を紡ぐこと

この計画は、大多喜という町の地域性や今井兼次というひとりの建築家と、彼を通じた近代という時代、あるいは長い年月にわたってつくられてきた役場というビルディングタイプや建築の使われ方など、さまざまなレベルでの時間と空間に向き合うことでもあった。このような状況は、建築にとって当たり前のことではあるが、しかし同時に建築が抱える普遍的なテーマに繋がっていくようにも思うのである。ではこのことに対して僕たちは今、何か明確な指針や方法論を持ち得ているだろうか。

現代という時代は、こうしたことが実に複雑にからみあい、さまざまな価値判断が錯綜している時代である。頼り得る地域性やコンテクストは間違いなくあるが、しかしそれは、一義的に説明できるようなものでは決してないし、今井兼次の建築の本質は何かなどという問いに対する答えは、それを体験した人の数だけありそうである。古いものと新しいものの境目は常に曖昧であって、時に古いもののほうが新しく見えることだってある。このような時代において建築をつくることは困難であるが、しかし一方で、次の時代に向けた建築を生み出す多くの可能性を秘めているようにも思う。

こうした状況を前に僕たちは、過去を否定することで生まれる新しさではなく、地域をひとつの価値にくくって生み出される調和でもない、あらゆる複雑さを引き受けた上で、僕というひとりの目が読み解き、紡いでいったひとつの物語のようなものとして立ち現れてくる、複雑で曖昧な全体を持った建築のあり方を探し続けていたのだと思う。門形のフレームというありふれた要素が、町や既存棟と関係性を持ち始めた途端、それは一気に時間を超越して、どこかで見たような懐かしさと同時にどこにもなかったような新しさをもって浮かび上がってきたり、役場として充分に機能するようなフレキシビリティを追求した結果、それが役場を超えた使い方をも包括するような普遍性を持ち始めたり、あるいは今井兼次が生み出した建築でありながら、同時に今井兼次がつくり得なかった建築のようにも見えてくる。その中で、建築の何が変わらないものとしてあり続け、何が変わりゆくものとしてあるのかを見きわめていく作業は、今の時代だからこそ生み出し得る、次の時代に向けたバトンのようなものであるとも思う。そしてこの建築がまた50年後、幾重にも読み取られ、また次のバトンに繋がっていってくれれば、これほど嬉しいことはない。

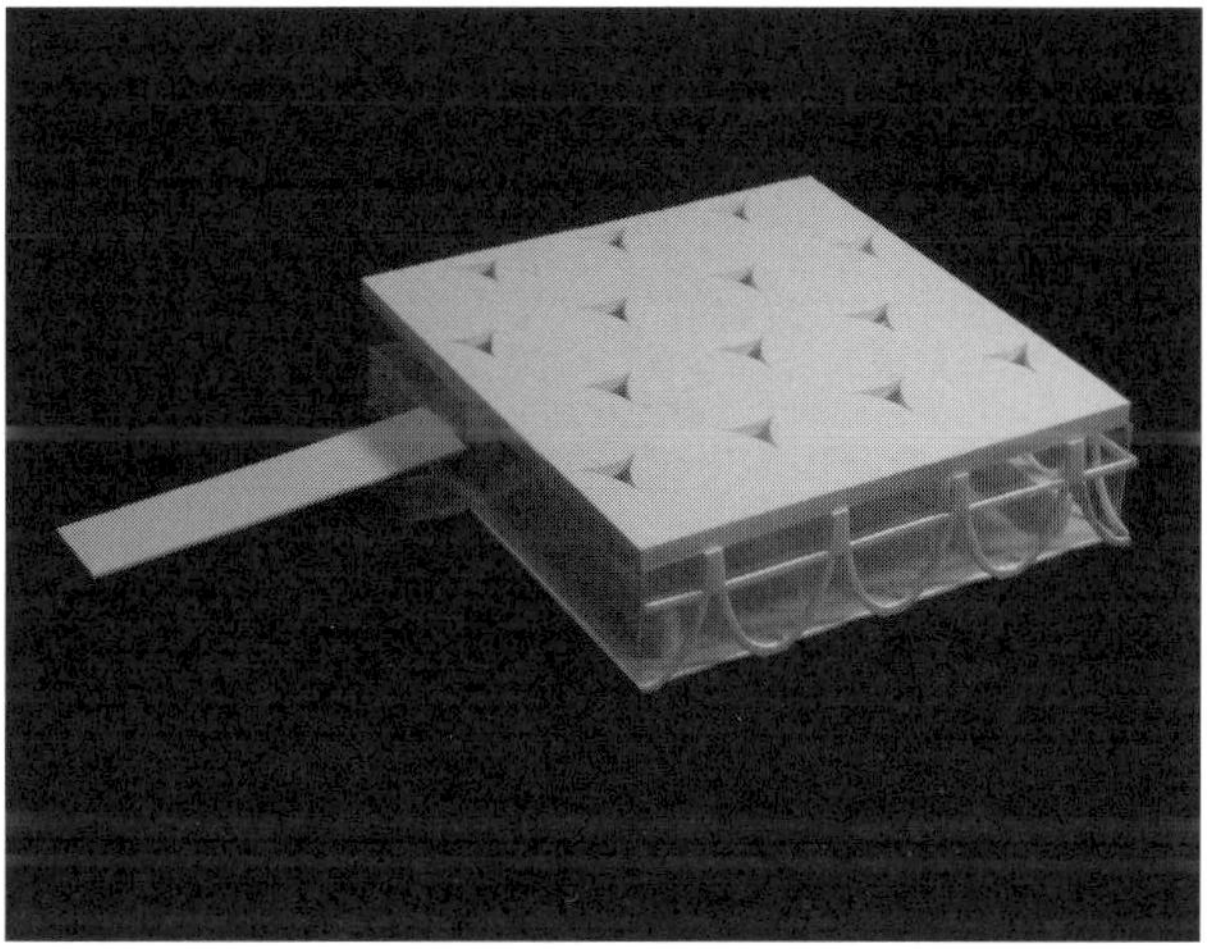

スタディプロセスは、今井兼次による旧庁舎から学んだ冗長性と象徴性、その2つのキーワードを軸に進められた。

スタディの初期段階では大多喜町の紋章の美しさに惹かれ、五角形を屋根の構造とトップライトに展開しようとしていた。

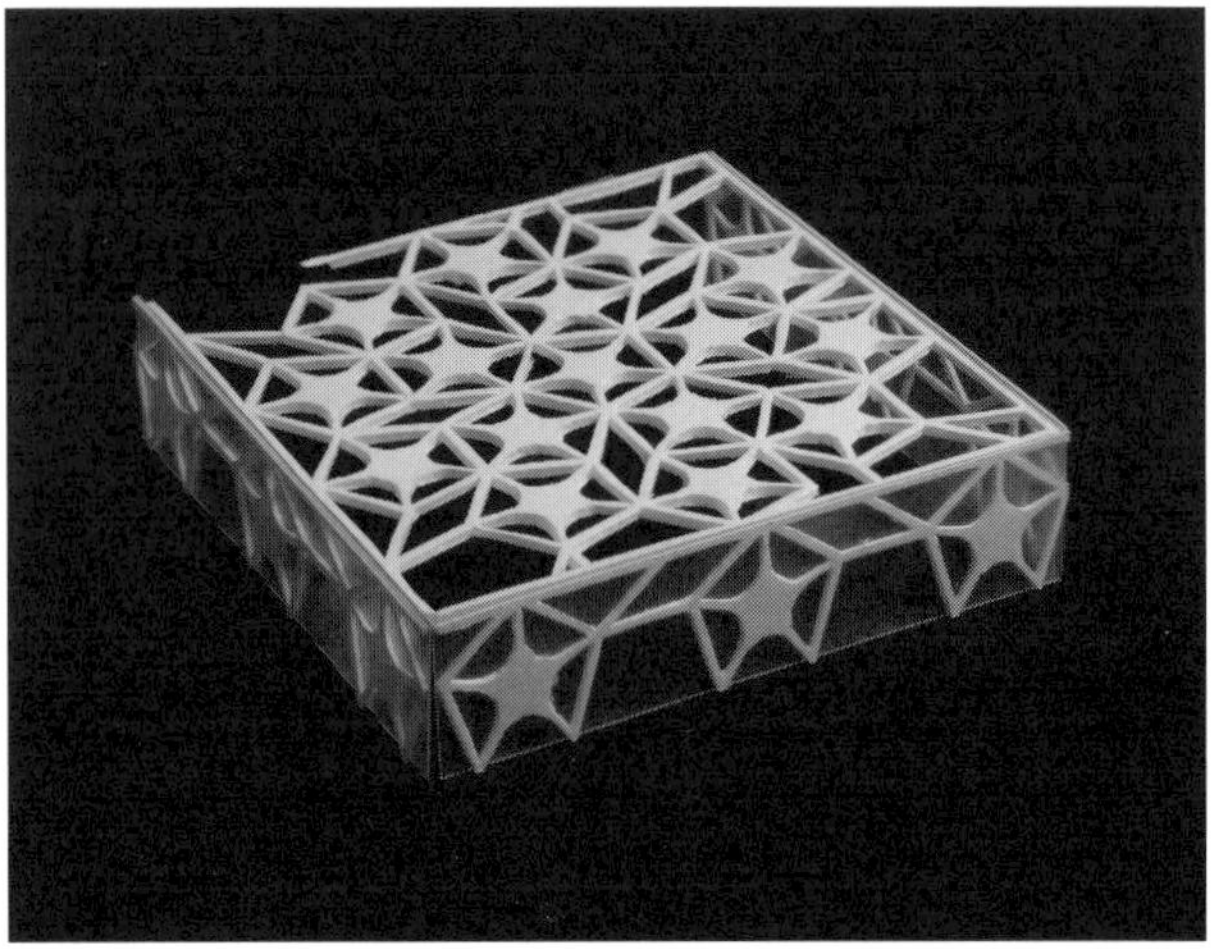

五角形は、思いのほか幾何学的に連続しない。五角形同士をどのようにつないでいくか、そこに検討の的が絞られている。

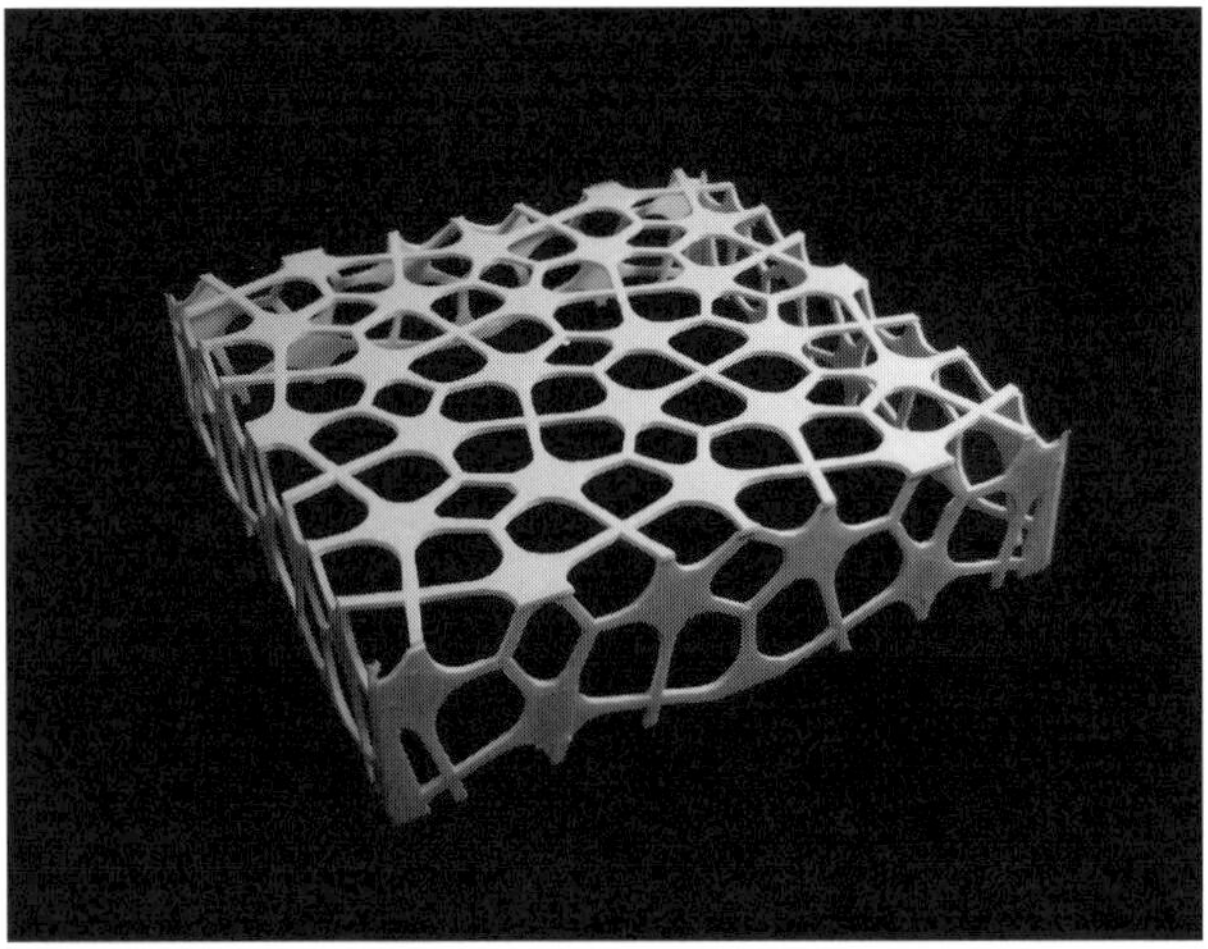

無理矢理五角形をつなげていくと、有機的な五角形の連続体になる。しかしいずれも構造的、施工的に合理性がないと、構造設計の新谷眞人氏に言われる。

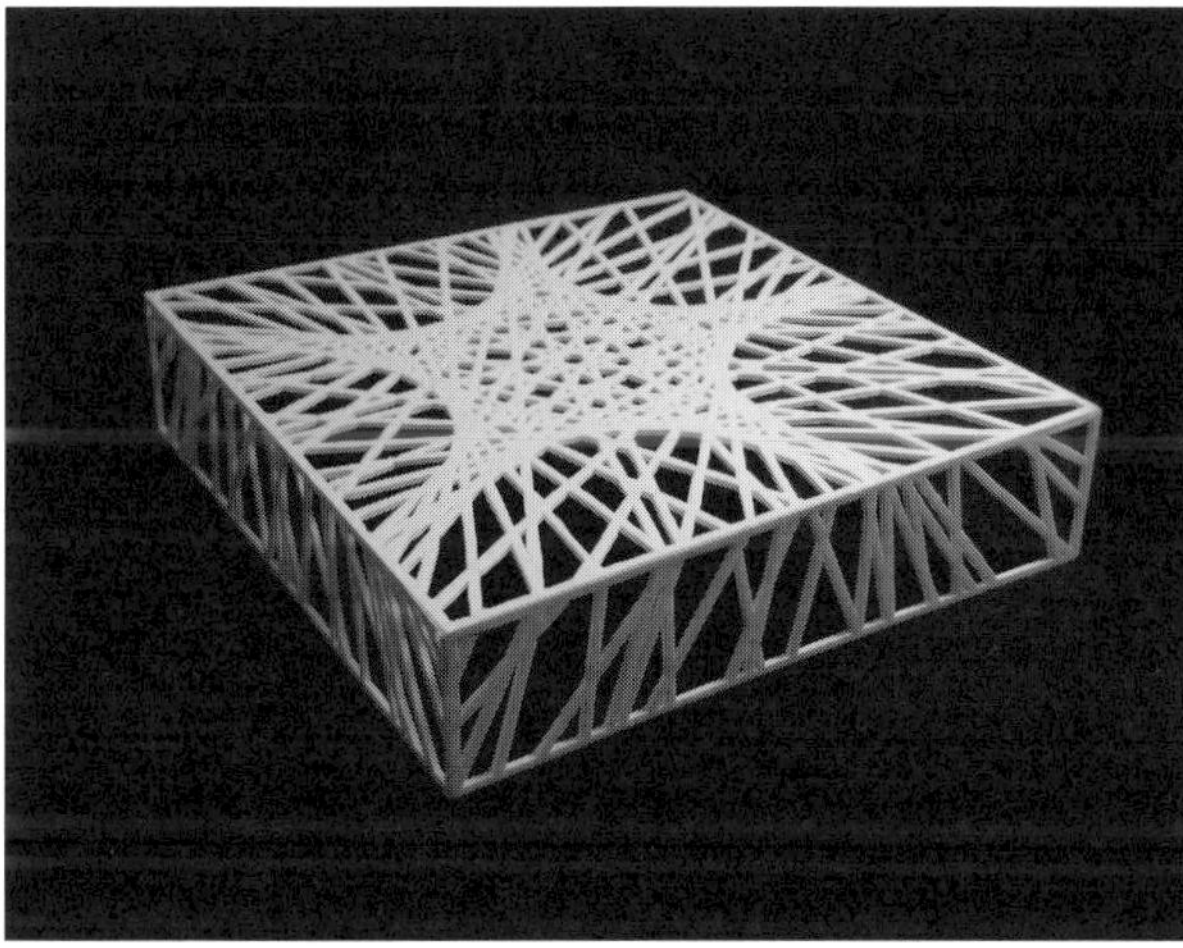

ならば一つ一つの梁は直線で、それらの集合によって五角形が浮かび上がるのはどうかと思案するが、そんなにたくさん梁はいらないと新谷さんから一蹴される。

今度は五角形を壁に使うことを考え始める。力学的には、屋根以上に意味がないと言われ、この案も見事に没。

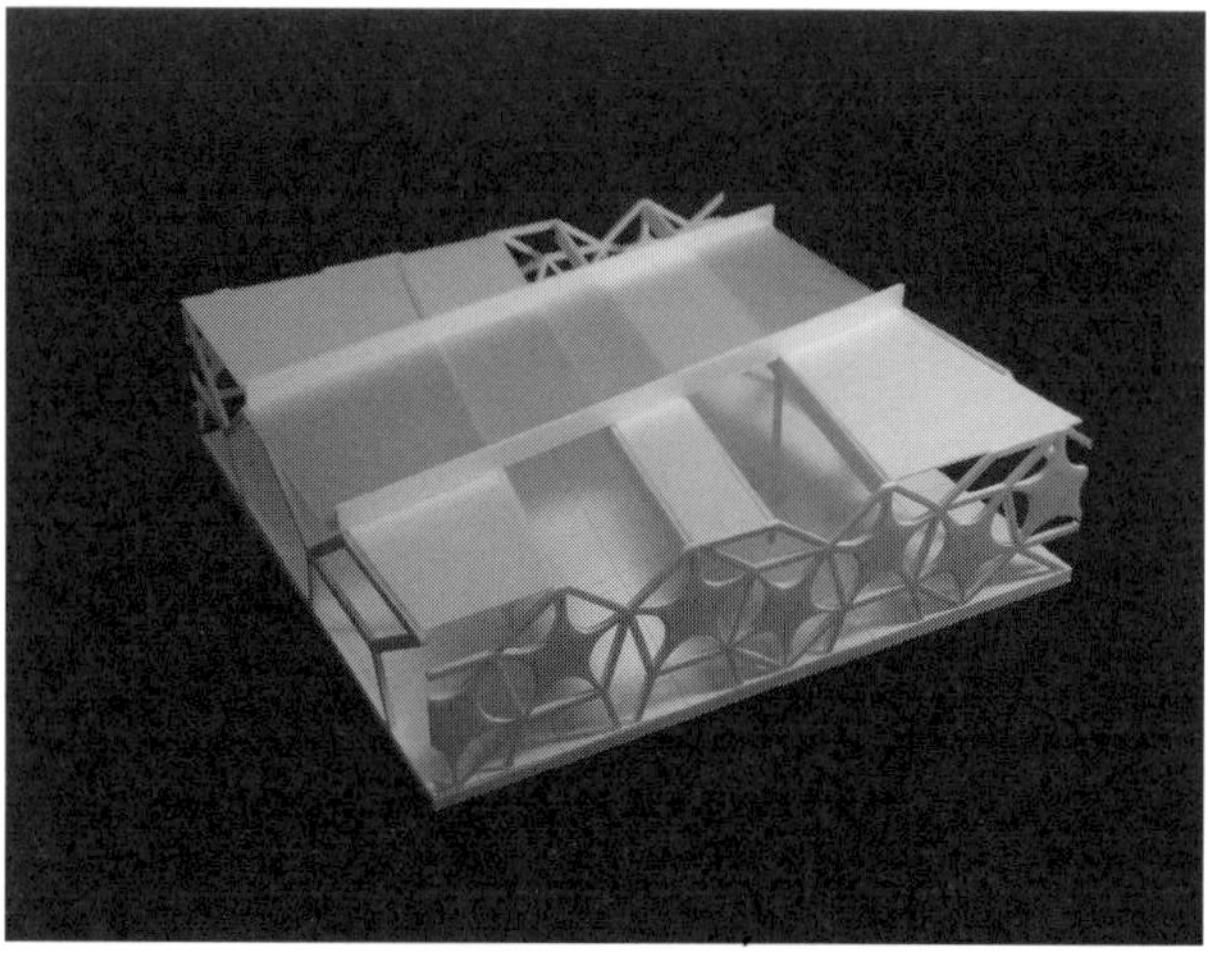

だが、壁に五角形を展開させたことにより、たまたま屋根をありあわせの部材でつくってみたら、当初思い描いていた木漏れ日のもとでの執務室、というイメージに近づけるかもしれないと気づく。

ここからは、直線の梁をどう架けるか、その一点のみに集中して、屋根の構造体を考え始める。

力学的に合理的なことはもちろん、それが木漏れ日のイメージにどれだけ近づけるか、その視点でのスタディが続く。

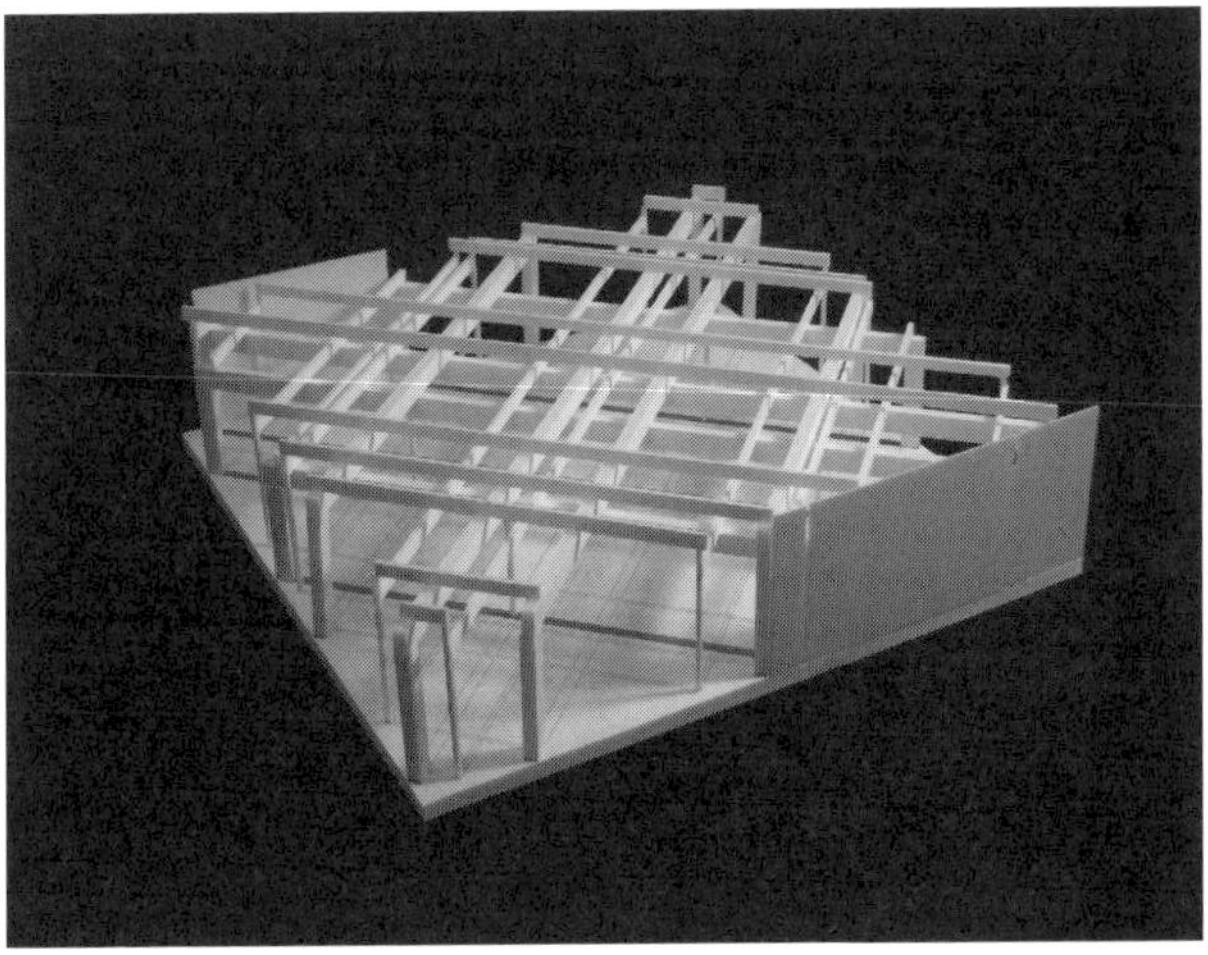

梁を重ね合わせること、このことは、その後変わることなく検討が続く。

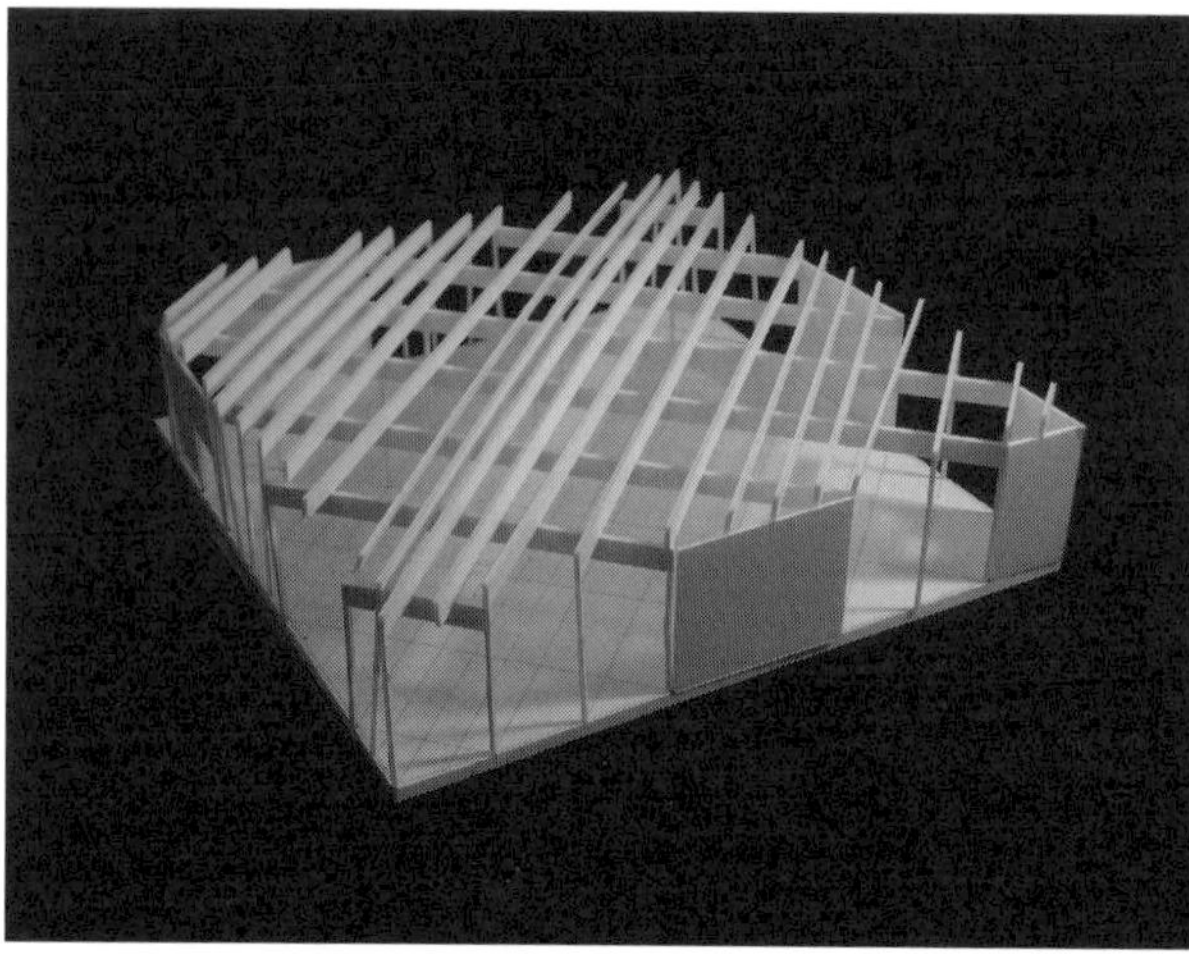

たくさんの梁が不規則にかかる、このことの魅力は大きい。

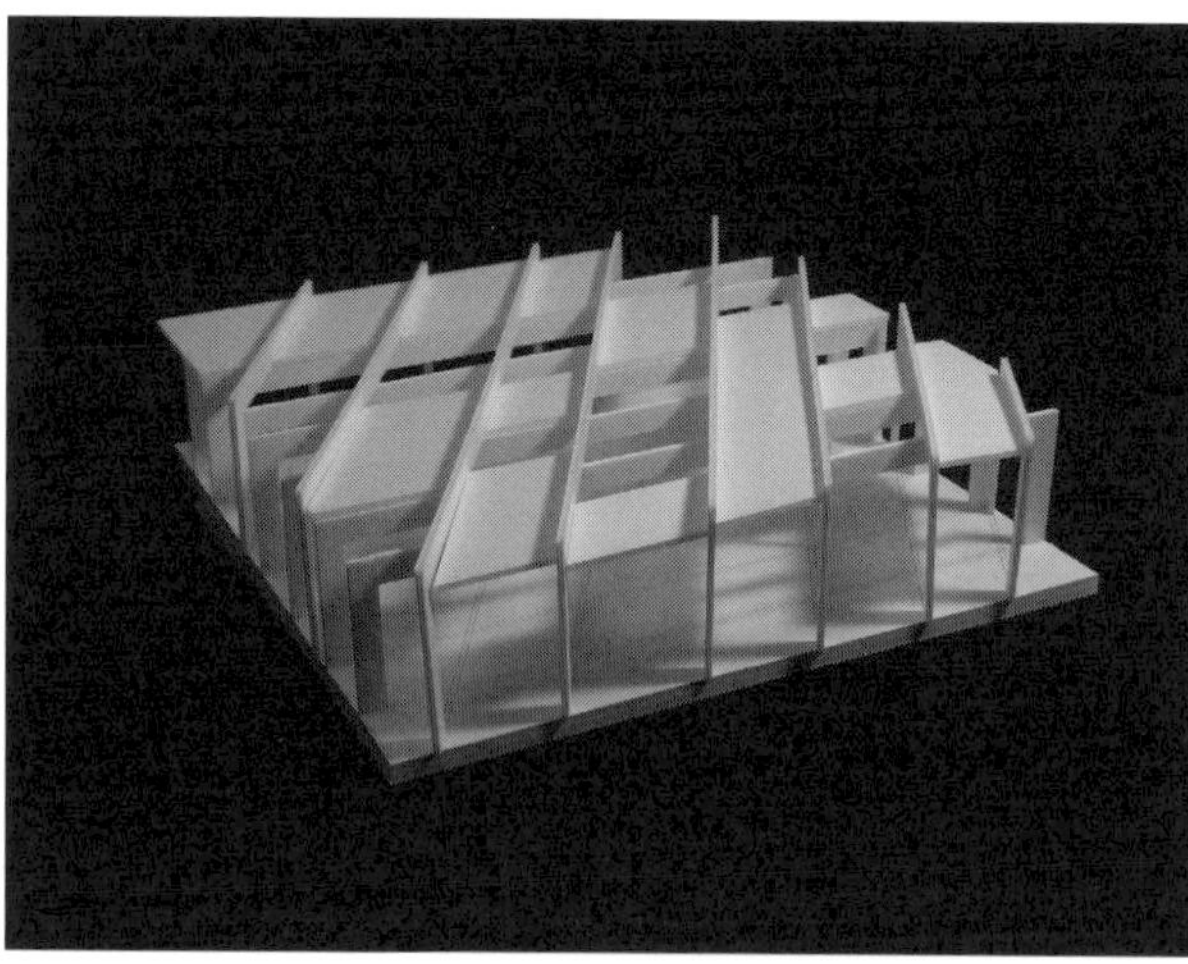

既存役場に対してグリッドを踏襲するのかしないのか、そのあたりももう一つ検討の要素として加わっていく。部分的に屋根を塞ぐ事、その必要性についても考える。

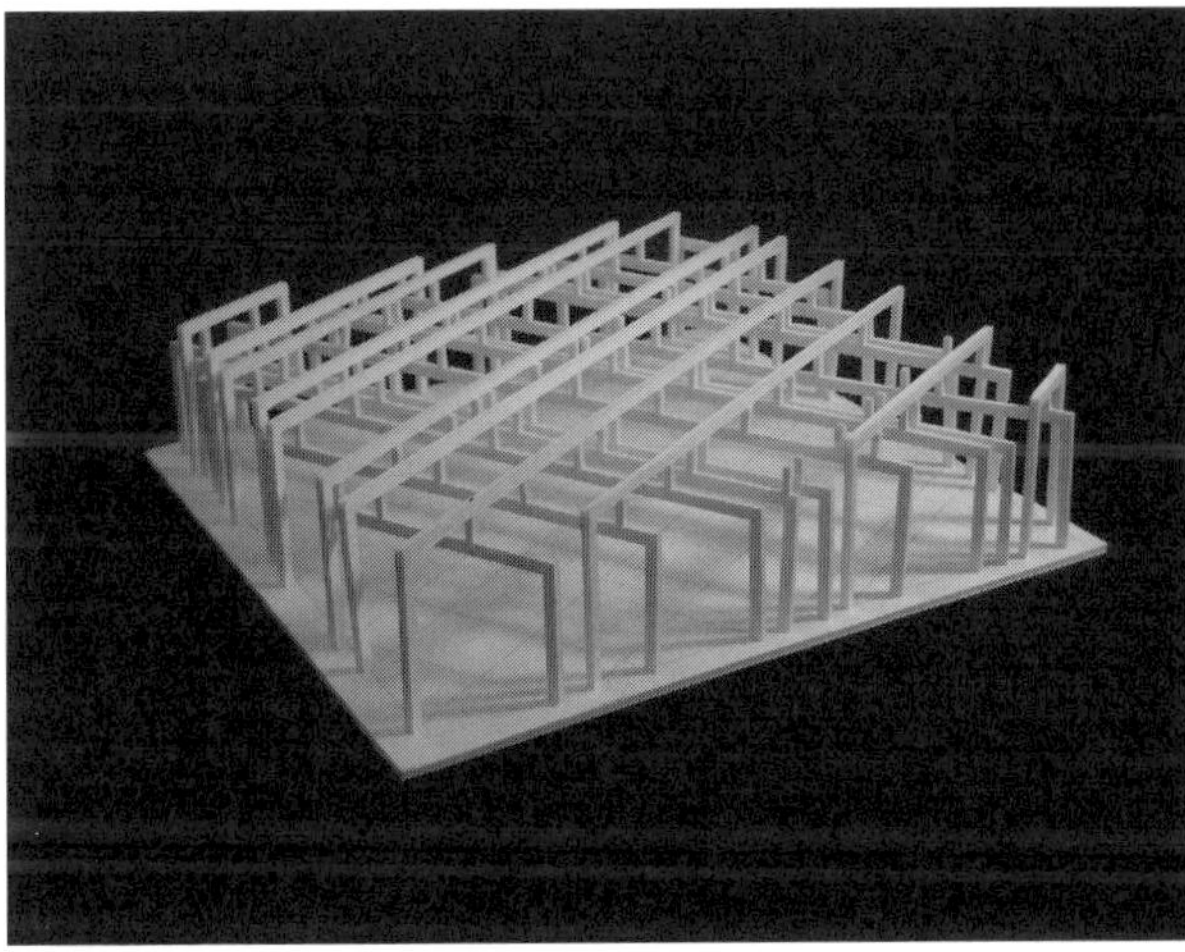

梁を重層させることは魅力である一方、構造的に分離されてしまっては、成り立ちそうにない。

既存役場に対し、45度に振れた角度にするのが良いと確信を持ち始める。耐震要素とどうからむのか、そのあたりの視点も加えられていく。そこにダクトなどの設備的な要素も加わって、案は一気に終盤に。

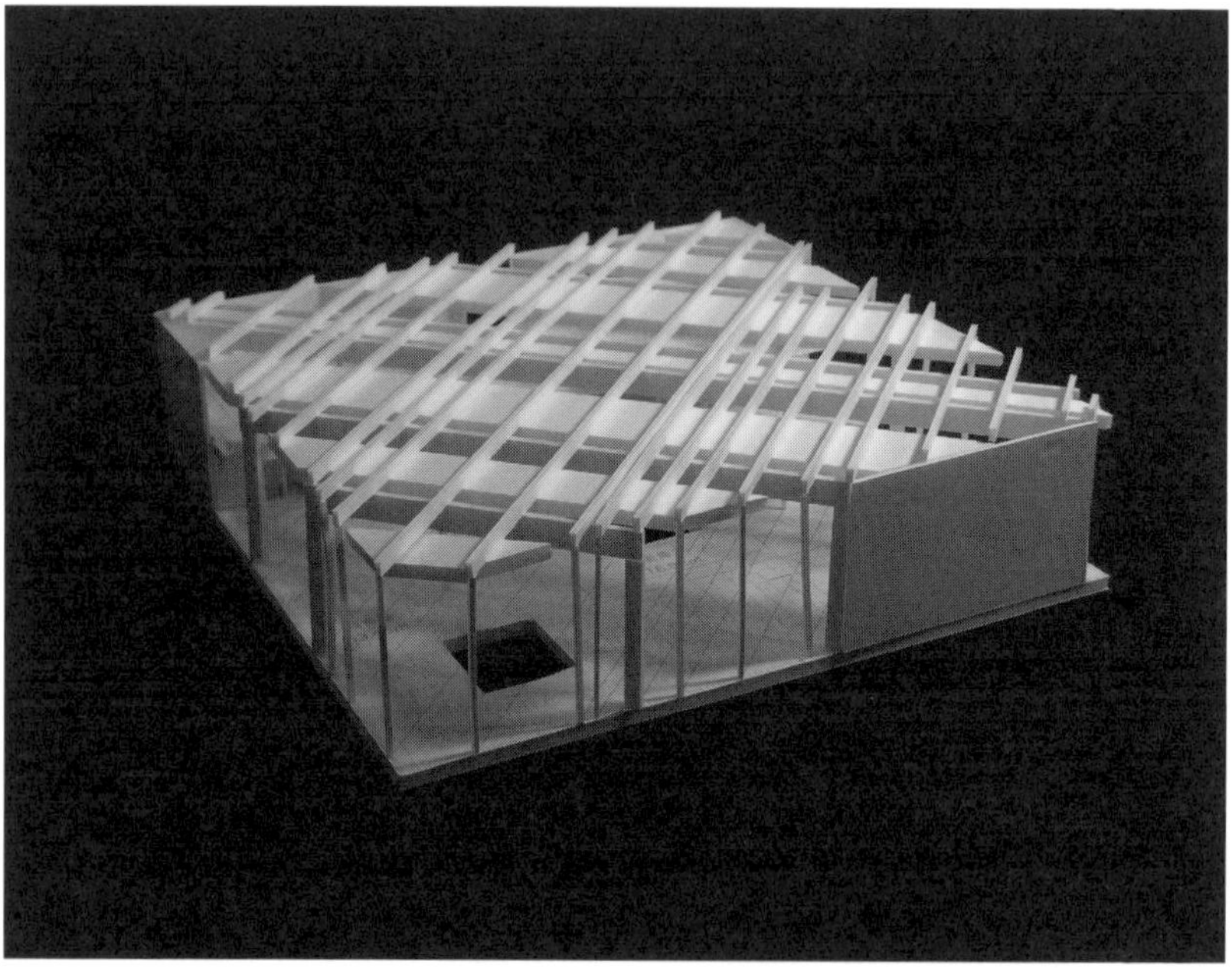

大梁の上に小梁がのり、そこにトップライトが重なる。設備のダクトも重ねて最終案となった。今井兼次の門形フレームが重層しているようでもあり、町に数多く残る町家の小屋組みのようでもある。この連想が、最終案として良いとの確信につながった。

大多喜の重層する時間と空間

「冗長性」と「象徴性」

——今回のプロポーザルの特徴は、現庁舎を改修し、敷地北側に増築を行うという方針だと思いますが、現庁舎を保存することについてどのようにお考えですか。

千葉　プロポーザルに参加するにあたって、まず大多喜町の見学に来たのですが、そこで町の人びとのまちづくりの意識の高さを感じました。２０００年にスタートした街なみ環境整備事業によって、店舗や一般住宅で城下町の面影を残す整備が行われていて、町には土蔵造りの建物や町家などがいくつも残っています。それを住民たちが大切に使っているのを見て、歴史的なものを大切にする姿勢に驚きました。現庁舎も、もう築50年ですから、不同沈下が起こったり、コンクリートが劣化したりしている部分も多々あるし、断熱のないコンクリートの打ち放しで冬は寒いというような問題もある中で、それでも職員や町民の方々は、この建築に歴史的な意義を認めて愛着を持って大切に使っていた。自治体自らこの建物を保存しようと決めたことはとても価値あることだと思いましたね。江戸時代や明治時代の希少な建物ならともかくコンクリートの近代建築です。この建物とともに生きていくという強い意志を感じました。

――今井兼次氏の現庁舎についてはいかがですか。

千葉　いちばん感動したのは、構造ですね。コンクリートで12mスパンの門型の大空間は、今ではなかなかつくれないんじゃないかな。それが50年前に出来ていて、崩れることなく現在まで残っているのは驚きです。そのおおらかで非常に原型的な空間に、時代を超えても廃れることのない強さがあったからこそ50年間生き延びたのだと思いますし、それを見て僕も普遍的な空間をつくりたいと思いました。今井兼次さんは、モダニズムという合理主義の大きな流れの中で、ガウディに強く影響を受けていたり、どこか手仕事的な側面にこだわった建築家ですが、現庁舎でも、モザイクタイルや天井の装飾など生命感あふれた表現が、オリジナルのまま いるところに残っていて、そこにも惹かれました。町民に大切に使われている現庁舎を可能な限り保存し、増築部においても今井氏の精神を受け継ぎたいと思いました。

――では今井氏から受け継いだ考えも含めて、千葉さんの提案の詳細について教えてください。

千葉　新しい大多喜町役場庁舎は、既存棟と増築棟を、南北に貫くパサージュと新たに整備する庭園によって有機的に結びつけ、敷地全体が町民にとっての開かれた集いの場になることを目指しています。既存棟は、歴史遺産と位置づけながらも現代という時間の中で再解釈し、新しい町のシンボルとして蘇らせています。それに対して、増築棟は、今井氏のデザインを継承、再解釈しながら、これからの大多喜の町らしさを担うことのできるデザインとしています。それは、大きくは「冗長性」と「象徴性」という、一見すると相矛盾するかのような方向性を同時に実現することで達成しています。「冗長性」というのは、平面計画に表れています。既存棟が、門形の構造体が連続するリニアな空間であるのに対して、増築棟は、面的な広がりを持つ正方形平面で、将来的な組織の改変、拡大縮小など、さまざまな変化に柔軟に対応できる空間としています。一方「象徴性」というのは、屋根空間のデザインに強く表れています。鉄骨の門形のフレームが直交しながら重層する構造体でできていますが、これは、既存棟の門形フレームのイメージを面的にも立体的にも展開させたようでもあり、また大多喜の町に見られる町屋の小屋組を彷彿とさせる架構形式です。木漏れ日のような光に満たされた、使い勝手のよい、快適な環境をつくろうと思いました。

――設計者の選定にプロポーザル方式が取られましたが、プロポーザルコンペで仕事のチャンスを得るということに対してどうお考えですか。

千葉　コンペは事務所にとって思考を鍛える重要なプロセスになっています。コンペの時に集中して考えたことが、次の仕事に繋がることが多くあります。たとえばスケールは全く違いますが、青森県立美術館設計競技優秀作品案で考えたことは、「黒の家」（２００１）に活かされました。たとえ負けたとしても、確実に考え方や技術が蓄積されてレベルアップしていく実感があります。ただ日本の建築界全体で見ると、エネルギーが消費されてもったいないとも感じます。何百という案がほとんどゴミになってしまいますから。最優秀に届かなくとも入賞した人は次回シード権があるとか、入賞回数をポイント制にするとか、健闘が次の機会につながっていくようなシステムが確立されるといいですね。

——今回、二次審査の公開ヒアリングでのプレゼンはどのようなことを心がけていましたか。

千葉　手法を説明すると言うよりは、自分がどういう空間をつくりたいか、大多喜の人たちにどの様な体験をしてもらいたいかが伝わることに重点を置いて、専門家だけでなく町民が聞いてもいいなと思うようなプレゼンになるよう心がけました。

——最後に、今後計画を進めていくにあたっての思いをお聞かせください。

千葉　プロポーザルという長いプロセスの間、大多喜町という町の持つエネルギーが自分の原動力になっていました。歴史を大切にしたまちづくりを継続していくために、これから町民の方々と対話を重ねながら計画を成功させたいと思っています。私自身、保存というテーマに取り組むのは初めてであり、責任の大きさを改めて感じていますが、既存棟と増築棟が補完しあって共存する、これからの50年を生きながらえていく新たな環境をつくることを目指したいと思います。

site specificからsite determinedへ

建築がその場所にできること

周辺の住宅地と親和性を持ちながらも、ここでしか体験できないような空間はどうつくれば良いのか。ここではそれを「道を通す」というシンプルな原理でつくることにした。敷地を縦横無尽に貫く道は、そこを介して周辺の風景が美しく切り取られたり、また一方でここに住む人たち同士の程よい距離を生み出すことに寄与したり、あるいは何かイベントをするときの広場になったりと、様々な余地として機能することにもなった。できあがってみると、まるで周辺の住宅地に見られる様々な方向性を持ったグリッドから導かれているようにも見えてくる。

（WEEKEND HOUSE ALLEY（2008年））

彫刻の4つの類型

この話は、ランドスケープ・アーキテクトの三谷徹さんと「WEEKEND HOUSE ALLEY」について対談をしていた時に教えてもらったことである。「あの計画は、建築の設計というよりも、むしろ敷地のデザインをしていた感覚に近いのだ」という話をしていた時に話題にのぼったのである。その話とは、彫刻家のロバート・アーウィンが、今日に至るまでの彫刻の歴史を、周辺環境との関係性という観点から大きく4つに分類して認識している、というものである。その話は、もちろん彫刻についての話であったのだが、しかし僕には、彫刻の話という以上に建築の話としてリアリティがあったし、また僕がこれまで漠然と思い描いていた建築のあり方を、実に鮮やかに言語化してくれることにもなったのである。大袈裟に言えば、何のために建築をつくるのか、その意味を確かなかたちで理解することができた初めての瞬間でもあったように思うのである。その4つの分類とは、以下のものである。

1. site dominant
2. site adjusted
3. site specific
4. site determined / conditioned

ひとつ目のsite dominantに分類される彫刻は、彫刻家が彫刻を制作する際に、その彫刻がはたしてどんな場所に置かれるのか、ということをまったく念頭に置かずにつくった彫刻のことを指している。日本語にすると、敷地に対して支配的な、ということになるだろうか。要するに、自分のインスピレーションの赴くままにアトリエでつくったら、後はそれが広場に置かれようが、美術館に展示されようが、一向に構わないといったスタンスでつくられた作品群である。

ふたつ目のsite adjustedという分類は、その彫刻が、はたして駅前広場に置かれるのか、誰かの家の庭に置かれるのか、その程度のことは考慮してつくられた作品群のことを指している。彫刻が置かれる場所に対し、何らかの調整作用が働いたものということである。たとえば彫刻の大きさをその場所に合わせてみたり、あるいはまた、彫刻のテーマをその場所にふさわしいものにするといったことなどがそれに当てはまる。

3つ目のsite specificという言葉は、今日のアートの世界においても、既に十分浸透している概念だろう。敷地から考えるということである。それが置かれる場所を十分に知った上で、テーマも形も大きさもそこから考える、というものである。その場所が美術館の一室であろうが庭園の一角であろうが、とにかくその彫刻が置かれる環境との間に、相互不可分な関係を築くようにしてつくられた彫刻のことを言う。それは、美術館に展示されることで商品化されてしまうアートのあり方を周到に回避する手段であると同時に、場所の意味を問い直す試みのひとつでもあったわけである。

そして4つ目のsite determinedという分類は、日本語にすると、敷地を決定付ける彫刻、ということになる。ロバート・アーウィンはsite conditionedという言葉も併せて記しているから、敷地を条件付ける彫刻、といった意味もそこには含まれている。この分類は、聞き慣れない言葉であることもあって少々理解しにくいのだが、つまり彫刻を置くことによって初めてその敷地の意味が了解される、あるいはその彫刻が、そこに新しい敷地環境を生み出す、といったことを意味している。この概念は、多分に受け手の読み取りに委ねられている側面が強いから、この概念から直接的に彫刻の姿や形を思い浮かべることは難しい。しかし僕には、この言葉が指し示す概念を瞬時に理解することができたし、また同時にその言葉にとてつもない可能性と魅力を感じたのである。これこそが、僕が長年建築を通じてやろうと考えてきたことだったのではないのかと。

建築の4つの類型

最初にも記したように、この4つの分類は、実に容易に建築に置き換えて考えることができる。たとえばひとつ目のsite dominantは、敷地のことをまったく考慮しないでつくられた建築、ということになる。建築の場合、さすがに敷地からはみ出して建っているものはないにせよ、建築の内的な論理によってのみつくられた建築という意味では、当てはまるものはたくさんありそうだ。どこに持っていってもひとまず成り立つ（あるいは成り立っていない）建築ということになるから、非常に乱暴な括り方を許してもらえるのなら、モダニズムの建築が標榜した大地からの遊離は、まさにこれになぞらえてもよいだろう。

ふたつ目のsite adjustedは、敷地との間で何らかの調整が働いた建築、ということになる。そもそもsite、つまり「敷地」が、彫刻の場合と建築の場合とで異なる領域を示している場合が多いから、厳密な議論を展開できるわけではないが、「彫刻にとっての敷地」に照らし合わせてみれば、建築の場合においては、敷地そのものというよりも、その周囲に広がる物理的な環境として理解した方がしっくりくる。だからsite adjustedな建築は、たとえば軒の高さを隣の家と揃えておくとか、あるいは素材や色を街並みに合わせておくとか、あるいは逆に、隣の家の窓がここにあるから、自分の家の窓は少しずらした位置に配置しておく、といった態度によってつくられた建築ということになる。

site specificについては、建築の世界においても、近年ではよく耳にするようになった。敷地から考える建築、ということだ。敷地と建築が相互不可分な関係を築いている状態、あるいは敷地の特異性から導かれる造形などがそうだろう。建築の置かれる物理的な環境から始まり、周辺地域の文化的な文脈も含め、常に建築をつくる根拠を敷地に見出そうとする設計スタンスである。その土地の気候に合わせて素材や形態を選んだり、あるいは土地に育まれた職能を最大限に利用して建築をつくっていくといったことも、同じ次元で捉えることができる。

ところで以前ギャラリー間で展覧会を催した際、僕はその展覧会と作品集に「そこにしかない形式」というタイトルをつけた。このタイトルは、そもそも矛盾を孕んでいたのだが、それを承知でこのタイトルをつけた。それは、建築が、毎回異なる敷地で異なるプログラムのもと、異なる施主のためにつくられるという一回性のものであることを前提に、そこでしかできないことをしたいという思いと、一方でそこに生み出された建築が、どこかで普遍性を持ったものであってほしいという思いが重ね合わされたものである。つまり常に特異点でしかあり得ない建築の個別性を考えながら、同時にその建築がどこにあっても成立しそうな形式性を備えていること、あるいはどんなプログラムに対しても柔軟に対応できそうな冗長性を備えているという事象を強引に結びつけることに、これからの建築の可能性を見ようとしたのである。しかし、形式という言葉の意味するところを具体的にイメージすることが難しかったが故に、「そこにしかない形式」は、「そこにしかない」こと、つまりsite specificであることにばかり焦点が当たっていたふしもある。確かにsite specificであることは否定しない。しかし同時に僕にはsite specificという概念が、きわめて環境受動的で予定調和的なものに映っていたことも事実である。そもそも何をもってその敷地の文脈と呼び得るのか、そしてそのような文脈が所与のものとしてあるという前提は、はたして信頼してよいものなのか、その点が腑に落ちないままでいたのである。

実際僕たちの日常の設計プロセスは、敷地を見た後ですぐに考え方や方向性が決まるなどということは、ほとんどない。いや、あえてそのような道筋を定めないようにしていると言った方が正しいかもしれない。だから、どこに向かうとも知れないスタディが、延々と続くのである。案をつくり模型をつくり敷地に置いてみる。そのひとつのサイクルを経てようやく敷地の何かに気づかされる。つくった模型が、描いたプランが、敷地について語り始める。そうしてうまくすれば、その場所のことをほんの少しだけ理解することができたりする。しかしまったく徒労に終わることもある。だから建築を考えることは、敷地を理解することとほぼパラレルな作業である。そこには予め共有された敷地の文脈などといったものは存在しない。それが僕たちにとっての設計なのである。

「日本盲導犬総合センター」の設計は、その最たるものだろう。盲導犬を訓練するというきわめて特殊なプログラムの建物である。敷地は富士山の麓という圧倒的な斜面の裾野にあり、そして牧歌的とも言えるほどのどかな牧畜の風景が広がる場所でもある。大きくは、プログラム的な観点と、この牧畜で開拓された地域の風景という側面が分棟という建ち方を思いつかせたのだが、それは、ひとまずの仮説を立てたという程度のことにすぎない。しかしその仮説は、それだけでこの場所について、実に多くのことを気づかせてくれもした。周囲に広がる牛舎や鶏舎、こうしたありふれた小屋の集合が、分棟という建築の状態を通じて発見されたこともそのひとつである。だからこそ、このありふれた小屋の集まり方がほんの少し変わるだけで、そこにまったく新しい環境を築くことができるのなら、それはとてつもなく魅力的な方法になるのではないかと思ったのだ。

そしてその蛇行する回廊も、ほとんどやみくもに続けられていたスタディの中でたまたま生まれてきた形にすぎない。ただ、それをひとつの仮説として組み立てていくことで、その形は、まるで太古の昔からそこにあったかのようにして富士山の斜面に強くへばりつき、改めてこの場所の強い方向性や圧倒的な地面の存在を顕在化してくれたのである。そして分棟と回廊というふたつの要素からなる全体は、まるでひとつの有機体のように自由な形でもあった。いや、形というよりも組成と言った方がよい。ちょうど樹木が、幹があって枝があって、その先に葉がつくという組成をしていながら、その樹木にはサクラもあればケヤキもあり、そしてその一本一本の形は、育つ場所の気候や土壌を映し出しながらすべて異なるものになっているように、この建築はさまざまな与件を吸収しながら展開し得る自由な組成を獲得したのである。そして設計が小屋と回廊という組成に辿り着いた途端、この建築は、それが幼稚園であろうとホテルであろうと成り立ちそうな空間として生き生きと見えてきたし、またその一方で、この組成を他の敷地に持っていって試してみたいという衝動にも駆られたのである。敷地のこともプログラムのこともさんざん考えた挙げ句にでき上がった空間が、どこかその敷地からもプログラムからも遊離したかたちで成り立ちそうであること、それはsite specificの先にあることなのではないかと思っていたのである。

話がずいぶんと遡ってしまった。つまり建築においても、4つ目のsite determinedはあり得ると思ったし、それは僕が「そこにしかない形式」という言葉に託して伝えようとしていたこととほぼイコールだと了解したのである。

自然とは何かを炙り出す物差し

ところでこのsite determinedという概念が、site specificと一線を画しているのは、僕たちが相手にする敷地——広く言えば自然——に対する態度が、かなりの割合で受け取り手に委ねられていることにある、と言った。つまりそこに介在する僕たちの「眼差し」が問われていることでもある、ということである。しかしそれは、この彫刻なり建築によって炙り出される自然の様相が、きわめて個人的な解釈の問題に還元されてしまうといったことではなく、むしろ相手にしている自然に本来備わっている多様性に対する絶対的な信頼を前提にしていることだと理解する方がよいのではないかと思うのである。つまり自然は、そもそもそう簡単に理解したり再現できたりするものではないことを受け入れた上で、それを炙り出す言わば「物差し」として彫刻や建築を位置づけることができるのではないか、という期待の表れだと思うのだ。

振り返ってみれば、人間がこれまで自然に対して向けてきた「眼差し」は、常に自然を解明しようとする技術や知恵と、そして社会構造の変化の中で揺らいできた「自然観」に大きく左右されてきたことに気づかされる。かつて自然が、すぐそこにある里山であり森であり海であった時代には、自然は生活の舞台であり道具であり、また同時に観察する対象であり神話の世界でもあったのだ。だから自然は常に絵画を通じ、儀式を通じて観察され、描き続けられてきたものであったのだ。そこに潜む宗教性も神話性も、すべてはアニミズム的世界観に支えられたのである。しかし産業革命以降の世界においては、自然の位置づけは大きく変化した。都市が産業の場に置き換わりつつあることに相反して、自然は都市生活からの待避所を象徴する空間として位置づけられたのである。19世紀後半にかけて世界中に建設された郊外住宅地は、自然を後ろ盾にした田園郊外思想をバックボーンに広がり、自然は都市の対概念としての位置づけを確かなものにしたのである。そしてこの自然は、ル・コルビュジエによって、健康な生活、モダンな生活の主役である健康な肉体を支える太陽と水と緑として継承されたのだ。

しかし1960年代、ポストークは宇宙を飛び、アポロはついに月面に着陸した。人工衛星は地球を周回するようになった。「地球は青かった」というメッセージは、ロマンチックな響きと共に地球という美しい惑星のイメージを僕たちの目に焼き付けてくれたのだが、同時にこのことは、僕たちの認識の中に地球外の視点が生まれたことも意味していた。神話の宿る森は、地球を覆い尽くす環境要素のひとつになり、その分布状態は、一望のもとに映像化された。日本はちょうど右肩上がりの高度経済成長期である。日本のあちらこちらに起こり始めていた公害問題は、都市と自然という対立した構図の綻びを露呈し、そしてついに自然は観察される対象でもなければ描き出される神話でもなく、保護される対象に成り下がってしまったのである。そこに見るのは「コントロール可能な自然」の姿である。そして都市の喧噪を和らげ、人びとを癒す存在になったバブル時代の商品化された自然は、今日においては、数値化されて取り引きされる対象にまでなっている。地球温暖化対策、CO2削減目標25%が掲げられた今となっては、自然は回復させなければならない対象であり、そのためのさまざまな環境技術が開発されている。今日の建築の世界において、エコロジーやサステナビリティは、金科玉条である。

しかし本当に僕たちは自然をコントロールできるほどに解明しつくしたのだろうか。描き出すべき自然は、神話は、もはや残されていないのだろうか。建築に残された道は、数値化された自然を追認するだけなのだろうか。

『アースダイバー』(講談社)の著者としても知られる中沢新一は、その著書『ミクロコスモス』（四季社）の中で、実に興味深い指摘をしている。それは、あらゆる世界が抽象化を進行させてきた現代において、レヴィ・ストロースの立ち位置の本質を問い直そうとしているのである。それは、もともとあった場所から切り離された自然を「自然」として取り出し、レトリカルなレベルで操作することに終始する現代に対する痛烈な批判であり、情報として操作可能なものに細分化された自然に取り巻かれている今を憂いているのである。そして、「自分の力ではいかんともしがたい自然の痕跡を利用して新しい組み合わせをおこなっている」ブリコラージュと、それを構造化する知性の宿る身体にこそ、こうした現代を切り開く鍵はあるとする。

この指摘は、建築という空間を扱う僕たちにとって、何とも勇気づけられる指針である。すでにそこにある自然、自分の力ではいかんともしがたい自然を前提としながらも、それを最も身体的な「空間」によって内側から構造化していくこと。そして身体そのものでもある「空間」によって、常に敷地とは何か、自然とは何かという問いを発し続けながら、環境と身体との間に成り立つ関係を炙り出すこと。その関係性を計るための「物差し」として、建築は大きな役割を果たすのではないかということだ。いや、恐らくこんなことは、きっと建築にしかできないのではないか。

自然としての都市

「日本盲導犬総合センター」が相手にしていたのは、富士山という圧倒的な地形や牧畜の風景などであった。それはある意味で分かりやすい原初の自然のようでもある。しかし同時にそれは既に人の手が入った自然でもある。ここで何が自然で何が人工か、などということを厳密に議論するつもりはない。そもそもそんな線引きなどできないし、することに意味もない。むしろ僕がここで着目したいのは、僕たちが常に相手にしなくてはならない自然は、「自分の力では何ともしがたい」ものであるということなのだ。自然とは、常にそこにありながらも、決して僕たちがコントロールできたり模倣できたりするようなものではない「他者」なのである。僕たちには到底把握しきれないほどに多様で複雑な総体なのである。そしてこの複雑な総体の姿は、そのまま現代の都市の姿にも重ね合わさって見えてくるのである。さまざまな他者の思惑の集積として、常に変化を繰り返しながらも不思議な全体を維持し続ける都市、そこにはもはや都市と自然といった対立の構図もない。都市はもはや「自然」なのである。

僕たちの事務所で去年から始まった千葉県大多喜町の庁舎の計画や、つい最近始まったばかりの工学院大学八王子キャンパス総合教育棟の計画は、そんな「自然」が相手である。大多喜は、江戸時代からの町家や近代建築が地層のように重層している街のただ中にあり、また工学院大学は、キャンパスという言わば小さな都市が、この建物を取り巻いている。

大多喜においては、鉄骨と木を組み合わせた門型のフレームを重層させ、そこにさらにトップライトや照明など、さまざまなレイヤーを重ねて、きわめてニュートラルでありながらも象徴的な空間を生み出そうと試みている。この門型のフレームは、大きな空間を成立させるという力学的な要請から生み出されたものではあるが、同時にこのきわめてシンプルなフレームが重なり合うことによって、大多喜の街に数多く残る町家の小屋組の空間や、あるいは今井兼次が50年前につくったコンクリートの力強い躯体が炙り出されるのではないかという期待も込められている。そしてこの屋根から降り注ぐ光は、重なり合うフレームに幾重にも反射して、大多喜の光を映し出す。

工学院は、基本的には大学の空間である。雑駁な捉え方をすれば、教室と廊下によってできた建築群である。この教室と廊下という構成自体がはたしてどうあるべきなのか、それを問い直すこともちろん必要である。しかし僕には、このどこにでもありそうな大学らしさ、あるいは学校らしさ、というものを前提にしながら、その関係のつくり方、敷地や環境との関わりの中で何かまったく新しい様相が浮かび上がるのなら、その方が遥かに未来に向けて意味のあることのように思えたのである。その廊下と教室でできた校舎はL形に変形され、さらにそれらが背中合わせに4つ集まることによって、廊下と教室という構成は、これまでと同じようでありながら、まったく新しい活動をキャンパス内にもたらし、そしてキャンパスに潜在していたさまざまな構造を浮かび上がらせることになると考えたのである。

繰り返すが、site determinedであることは、建築にも可能なはずである。まだ見ぬ自然の様相を炙り出す「物差し」になるような建築を、つくることができるはずである。そしてその「物差し」は、建築が、プログラムや敷地や技術など、あらゆることを総動員されて生み出された先に、ふとそれがどこかで見たような、あるいはどこにでもありそうな、そんな形式を備えた時に初めて実現されることだと思うのだ。そこには、幾何学的であることか有機的であるといった区別はない。自然を擬似的に模倣する必要もない。

農耕の風景とゴルフ場

ここまで綴ってきても、では建築はどうつくるのかという問いに対しては、いまだに明確な答えがあるわけではない。ただ僕は、この概念を具現化する上で、農耕の風景はひとつの示唆を与えてくれるのではないかと思っている。

飛行機が着陸する直前に眼下に広がる風景は、いつも僕を釘付けにする。それは日本のどんな地域に行っても、世界のどんな国に行っても、その度ごとに新鮮な、発見に満ち溢れた興奮をもたらしてくれる。それは、グリッドに覆い尽くされた畑や田んぼの場合もあれば、果樹園の時もあるし、時には植林の風景であったりもする。畦道や水路がつくるグリッドは、まるで山や丘の間に残余として残る平坦な大地を埋め尽くしていくようにどこまでも広がり、時にそれは、川や道路や地形によって遮られ、変形され、歪められ、つじつま合わせをしながら、どこまでも広がっていく。グリッドの大きさや単位は、巨大なものから小さなものまで実にたくさんあって、時にそれは、山の斜面に刻まれたコンタのようにして広がりを見せることもある。そしてそのグリッドの中を、さまざまなグラデーションを持った緑がストライプをつくったり、市松模様をつくったりしている。季節によってその緑のグラデーションは、茶褐色のグラデーションに変化することもあれば、緑と茶色のパッチワークを形成することもある。この遠く上空から見ていた、まるでひとつの巨大な地上絵のような美しい農耕の風景は、飛行機がさらに高度を下げていくとまた別の表情へと姿を変えていく。ストライプに見えていたものは、生き生きと連なる稲穂の列であり、また規則正しく並ぶ果樹であり、あるいは耕された土の跡であったりと、さまざまなテクスチャーを持った農作物の風景へとズームアップし、そして同時にリアルな農作業の風景も立ち現れてくるのである。

日本の穏やかなスケールのグリッドに対し、アメリカの大規模農業のとてつもなく広大で整然としたグリッド、あるいはアジアに広がる、少しふにゃふにゃにも見える歪んだグリッド、フランスの郊外に広がるさまざまな角度の線と面の交錯する風景、こうしたすべてがとてつもなく美しい風景として僕の目には映るのである。それは何か新しい土地に来たという感慨や、どこかの土地を離れるといった感傷に源がある感覚などではなく、むしろひとつの壮大なアート作品を見ているような感慨にも近いのである。そして同時に、その場所にしかない、その土地ならではの風景として、強く脳裏に刻まれるのである。

もちろん農耕の風景は、そのビジュアルな効果を目的につくられたものではない。その土地や気候風土に最もふさわしい農作物、それを収穫するという人間の欲望に対し、収穫効率を高めるような農業技術が駆使される。そしてさらにもうひとつ、そこには農作物を管理収穫する、つまり「手入れ」という身体が介在してグリッドは規定されていく。この欲望と技術と身体をひとつの土地に定着させる、それが農業だ。のどかな南斜面に、まるでコンタ模型のように広がる茶畑は、その日当たりと水はけのよさと、そして茶摘みという行為を最も容易にするように、植列は斜面に対して水平に展開していく。それがあのコンタみたいな風景をつくっている。そこには幾何学=人工で、自然=有機などといった短絡的な図式などない。むしろ幾何学こそが最も豊かに自然を炙り出している形式なのではないかとさえ思えてくる。それはゴルフ場が、植栽と芝生と池と砂に有機的な形を纏わせて多様なコースをつくっていながら、結果的にはきわめて均質で人工的な風景にしか見えないことと対照的である。

新しい合理性に向けて

site determinedがsite specificでもなく、あるいはまたsite dominantに逆戻りしてしまうのでもない、そんな建築をつくっていくのに必要なのは、今そこにある環境を読み取る知性ではなく、読み替えていく創造的で発見的な眼差しなのではないか。それがたとえありふれた日常であっても、あるいは歴史的な遺産であっても、そしてもちろん豊かな自然環境であっても、それらを創造的に読み替えた上で成り立つ新しい水準の合理性を見つけなくてはならないのではないか。それは近代が、あらゆる事象を要素に解体した上で精査するというかたちで獲得してきた合理性とはまったく逆の、コントロールし得ない他者を巻き込んだ上で成り立つ合理性である。そしてその新しい合理性の上に生み出された空間が生身の人間によって使いこなされていった時、そこには次の時代を切り開く知性を担った身体が生まれているのではないか、そう思うのだ。

空間の地形

数多くの議論の末に1棟案にしようと大きく方針を変えた。1棟にすると、多くの発見もある。地形の豊かな場所では、平たく大きな床は貴重な遊び場になるという具合に。ただ、当初のイメージ、つまりこどもの自由な遊びを誘発するような地形的要素は、床ではなく、起伏に富んだ屋根によって実現しようと進化している。

（諫早市こどもの城（2009年））

プロポーザルと分棟案

「諫早市こどもの城」が建つ敷地は、長崎県諫早市の白木峰高原、諫早湾と雲仙岳を見下ろす緑豊かな森の中にある。このあたり一帯は、既にキャンプ場やコスモス花宇宙館、コスモス畑など、さまざまなレクリエーション施設が広範囲に点在し、週末には、森に包まれた自然の中で、数多くの市民が寛ぐ場所になっている。このエリアの一角に、子どもたちがのびのびと自由に遊び回ることのできる拠点施設をつくるために、2006年「諫早市こどもの城」の設計者選定のプロポーザルが催された。僕たちの事務所は、福岡を拠点とするアービカル・ネット（ランドスケープデザイン）と、長崎を拠点とする池田設計（建築）と協働でプロポーザルに参加した。幸運にも僕たちのチームの案が選ばれて設計がスタートしたのだが、その時の提案は、コスモス花宇宙館に隣接する小高い丘を8つの小屋が取り囲み、全体が回廊で結ばれるという、いわば分棟案だったのである。ひとつひとつの小屋は簡素なものだが、敷地の傾斜との関わり方に応じた異なる断面形状によって、多様な居場所をつくるというものである。それは、必要とされている部屋の用途やプログラムから空間を構想するよりも、むしろその場所の微地形のみを根拠に空間を生み出せばいいのではないか、それが結果的に子どもたちのさまざまな活動を誘発する場になるのではないか、という漠然とした思いの表れでもあった。

分棟案から1棟案へ

設計が始まって間もなく、この分棟案は変更を余儀なくされた。たくさんの死角が生じること、そして管理しにくいことがその主な理由である。分棟案には付きものの指摘である。8棟を3棟にしたり2棟にしてみたりと、分棟であることに執着した案を検討し続けたが、微地形に対応した多様な断面という当初の意図は、曖昧になるばかりである。ならば思い切って1棟にした方がよいのではないか、そう考えてみた。

改めて1棟案のスタディを始めてみると、その大きな平面形ゆえに、分棟案では気付くことのなかったこの敷地の特性が改めて鮮やかに浮かび上がることになった。広くて平らな床は、周辺が豊かな地形に恵まれた場所だからこそ、またたくさんの樹木が生い茂る場所だからこそ、貴重な平場になると気付かされたし、同時に大きな屋根に覆われた空間も、すぐそこに大きな空があるからこそ、得難い環境になると思われた。それは、この建築が生み出されるからこそ再発見された周辺の地形や森や空なのである。

プログラムと空間

改めて考えてみると、子どもの遊び場というプログラムは、建築を構想していく上での具体的な根拠にはなりにくい。それは、どんな場所であっても、子どもたちにとっては格好の遊び場になってしまうという事実があるからだ。おそらく誰にでも思い当たることだろうが、家の中の押し入れは最高のおままごとの舞台であったし、階段はプラモデルや人形を飾る格好のギャラリーでもあった。街中に散在する空き地は、野球場であり戦争ごっこの基地でもあった。だから、子どもの遊び場にとってどんな建築がいいのかという議論は、究極的にはどんな建築だって構わないということに行き着いてしまう。

もちろん設計プロセスの途中では、遊びが子どもの成長にもたらす影響や、遊びの種類と教育効果との相関関係などが繰り返し議論され、空間やそこに想定される遊具や家具なども含めて、その決定根拠の精査が行われた。だがその視点は、具体的に構想された空間を評価することには有効であっても、空間を生み出す根拠にはなかなかなりにくい。僕たちが当初、断面形状の差異だけによって建築を組み立てようとしたことの理由は、そこにあったのである。しかし1棟案になって、このあたりの前提条件は、再考せざるを得なくなった。

空間の地形

そこで僕たちは、1棟案を通じて気付いた広大な床と屋根空間、このふたつの要素だけでこの建築をつくれないかと考えた。このふたつの要素と豊かな地形との応答関係が、この場所でしか生み出せない空間になり、また同時に豊かな子どもたちの遊び場にもなるのではないかと考えたのである。床を地形に沿わせて配置すると、自然と屈曲した形ができ上がる。その海老反りした平面に、さまざまな天井高の起伏に富んだ屋根を架けていく。基本的には天井の高い場所、低い場所が繰り返され、その大きな平面をいくつかの場所に緩やかに分節していく。それぞれの場所で起こり得る遊びをその都度検証したり、またこの起伏に富んだ屋根面の構造的な合理性を検証したりと、さまざまなパラメータを投影して最終的な形態は導かれた。うねる屋根面と屈曲する平面、さらにトイレや授乳室など、大きな家具に見立てた諸々のサポート空間が複合的に絡み合って、この施設全体は、基本的には大きなワンルームの空間でありながら、実に多様な居場所の連続体としてでき上がることになった。天井が高く見通しのよい空間があったかと思うと、天井が低くてちょっとだけ隠れることのできそうな場所があったり、大きな部屋のようでもあり、また小さな部屋のようでもあったりする。おそらくここで、子どもたちはのびのびと自由に走り回り、空間との戯れを楽しんでくれるに違いない。それは押し入れにも、また空き地にもなり得る、きわめて建築的につくられた「空間の地形」とも言うべき場なのである。

建築に可能なこと

周辺の自然が豊かであればあるほど、可能な限り建築的な要素で空間をつくりたいと考えてきた。なぜなら「自然」の持つ豊かさは、いくら模倣してもしきれるものではないからである。可能なことがあるとすれば、それは建築が建築であることによって、自然を炙り出すことだけだと思うからである。床と屋根という要素に最大限のエネルギーを注いだのは、そのためである。また子どもの遊びが多様であればあるほどに、その遊びを前提に建築をつくることも極力避けてきた。それは、そこに起こる行為をいくら想定して空間を組み立ててみても、その想定を遥かに超える行為がたくさん起こり得るし、そこにこそ本来の遊びの豊かさがあると思うからである。建築を構想する上で、敢えて地形との応答関係だけから空間を建ち上げようとしたのも、そのためである。この建築と自然との関係、そして建築とプログラムとの関係に向けられた視座は、僕の中でより強く確かなことになりつつある。そしてこのことは、おそらくどんな建築においても、またどんな環境においても揺るぎないものだと思っている。

CONCEPT

大きな家

「大きな家」のようなこどもの城を提案します。これまで誰も体験したことがないような大きなキッチン、長いソファの連なる広々としたリビング、高い本棚の壁に挟まれた勉強部屋、好きなだけ落書きをしても怒られない工作部屋。そんな場所が集まってできた、大きな家です。

ここでは、自分の家の延長のような居心地の良さと、非日常的なスケールをもった空間、家具が共存し、こどもたちにとってはもちろん、付き添いのお父さんお母さんにとっても、特別な一日の舞台となります。

分棟形式

このいくつかの部屋は、広場を緩やかに囲むように散らばりながら、森の中を縫うような回廊によってつながれています。

施設全体は鬼ごっこやかくれんぼをするように元気に動き回りながら使うことのできる場所です。その中心となるにぎわい広場には、各部屋からの活動があふれだし、自然にとけ込むような建物の間から見え隠れする諏平の風景を背景として、子どもたちの記憶に残る場所となるでしょう。

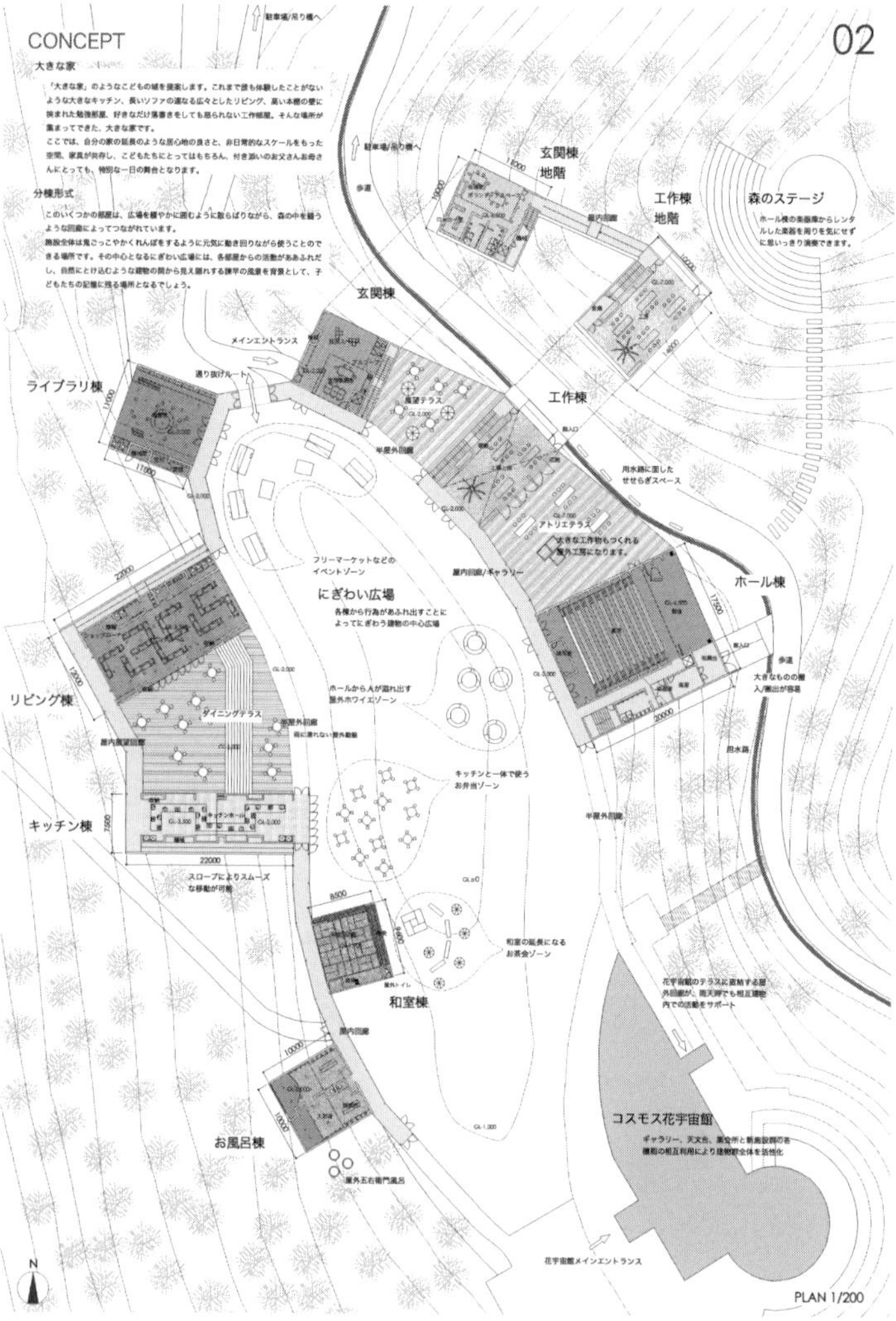

PLAN 1/200

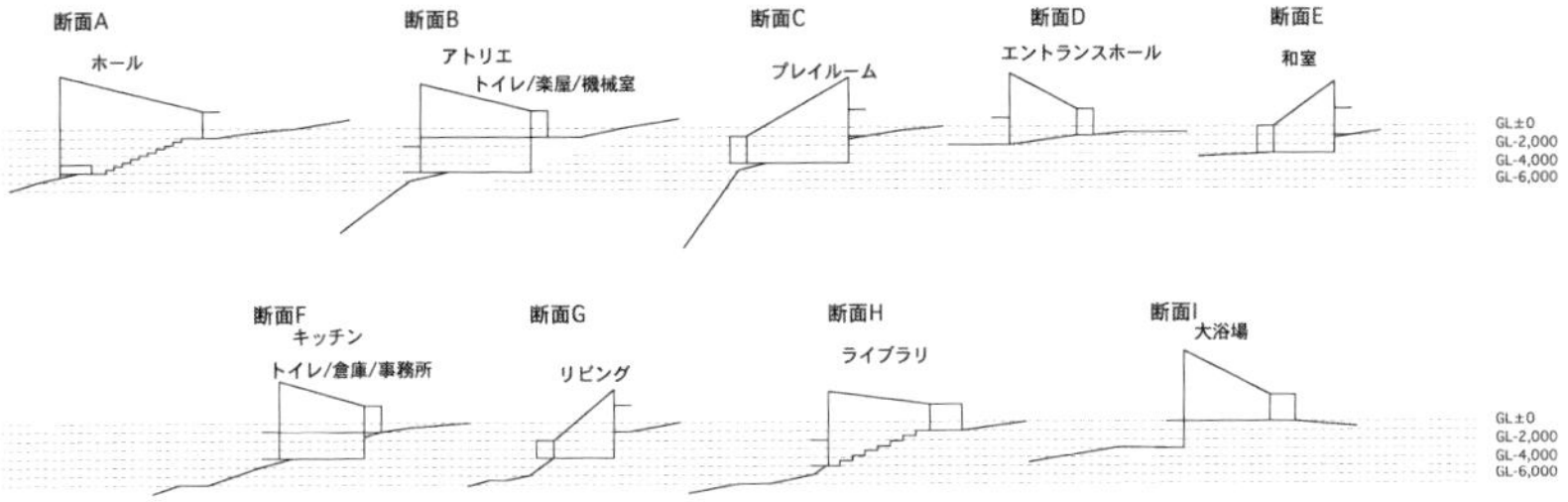

プロポーザル案。この時点では、8つの小さな小屋が広場を囲む計画となっている。すでにそこにある地形を前提にし、屋根をかけるだけで、様々な遊び場がつくり出せるのではないかと考えた。

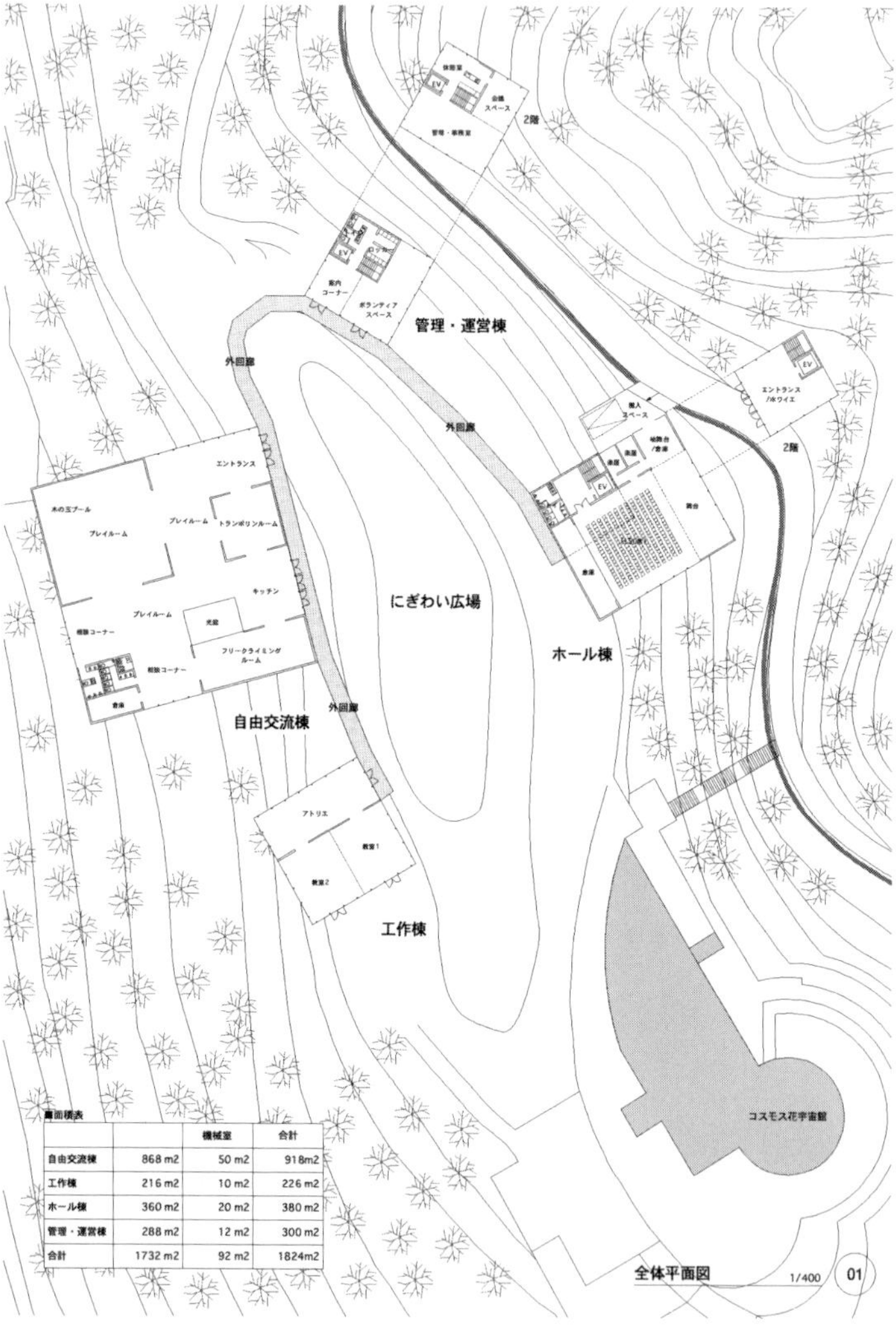

面積表

		機械室	合計
自由交流棟	868 m2	50 m2	918m2
工作棟	216 m2	10 m2	226 m2
ホール棟	360 m2	20 m2	380 m2
管理・運営棟	288 m2	12 m2	300 m2
合計	1732 m2	92 m2	1824m2

打ち合せが始まって、分棟案に数多くの疑問が投げかけられる。死角が多い、管理が大変であるという具合に。そこで棟の数を4つに減らした案をつくる。

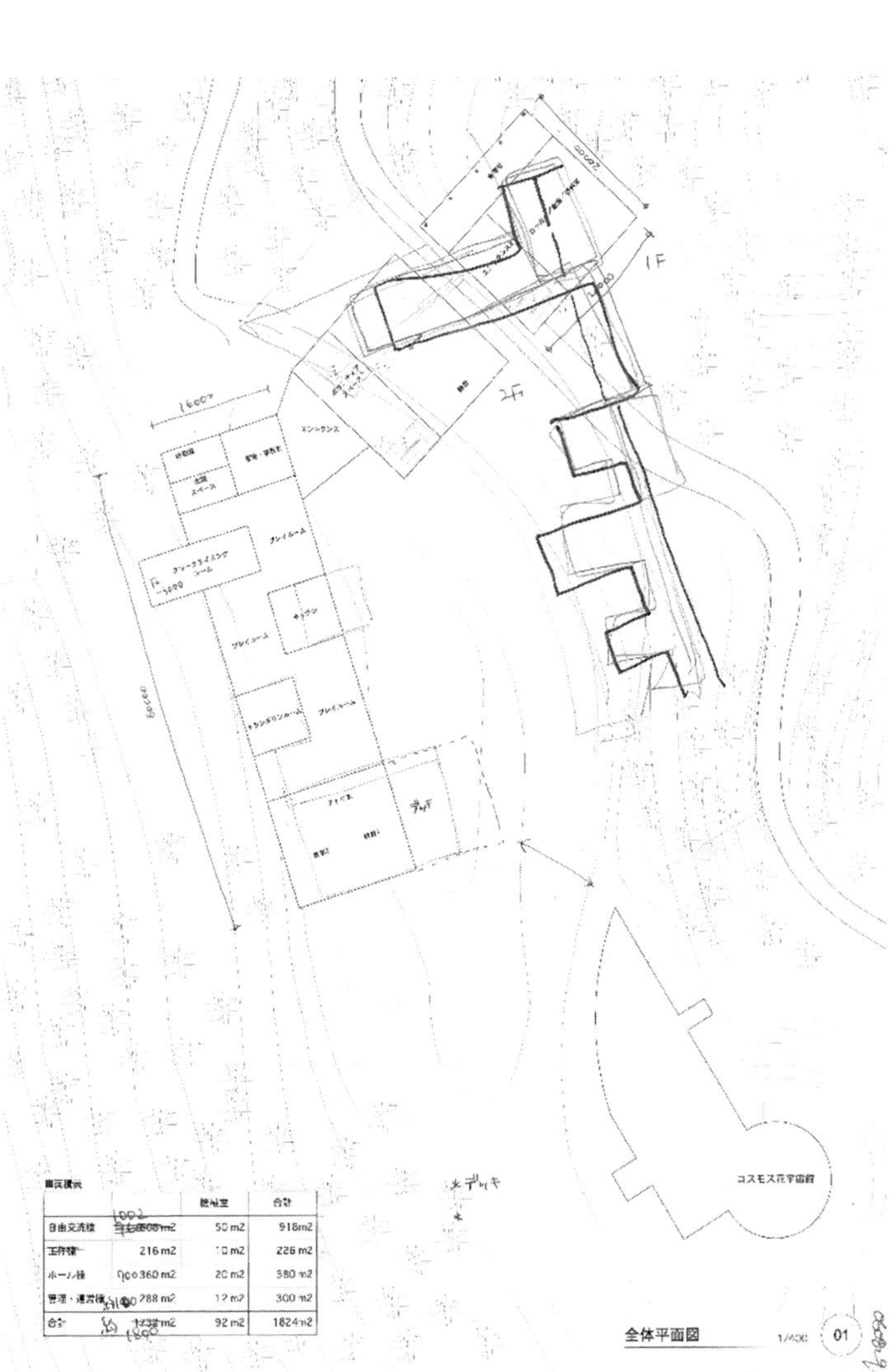

それでもやはり死角が多い、管理が大変だという議論はなくならない。そこで一気に一棟の案にしてはどうかと提案した。

「諫早市こどもの城」全景。起伏に富んだ屋根が連なる。

天井の高い空間、低い空間、このような多様な空間が、こどもたちの遊びをごく自然に誘発するのではないかと考えた。　写真：西川公朗

高くまで上ってみたい、押し入れのような空間に籠りたい、このような衝動は、人間の本能的な空間への応答である。　写真：西川公朗

断面模型。天井の高さは極端な起伏を繰り返す。構造的にもこの起伏は合理的である。天井高の違いによって生まれる垂直の壁は、壁梁として、大空間を支える。　写真：西川公朗

上空から見た敷地全景。諫早湾を見下ろす白木峰高原の中腹にある。
写真：西川公朗

そこにしかない形式

「日本盲導犬総合センター」は、蛇行する回廊と、その間に挟まれる犬舎という、実に単純なルールでできている。しかしこの単純なルールを見つけるまでには、この盲導犬の訓練センターという特異なプログラム、そして富士山の裾野という土地固有の条件からの数えきれない程の検討があった。

（日本盲導犬総合センター（2006年））

身体から環境まで

これまで、いくつかの賃貸集合住宅を設計する機会があった。それぞれに求められていたプログラムや敷地条件はまちまちだったし、最終的にでき上がったものも、それぞれ違ったかたちをしている。でも、こうした集合住宅を設計しながら僕は、いつもどこかで、それらが集合住宅でなくても成り立つようなものであって欲しいと考えてきた。矛盾した言い方だが、集合住宅だからこそ、集合住宅でなくても展開可能な形式を持ったものにしたいと考えてきた。

それは賃貸集合住宅が、居住空間でありながら、そこに住むことになる人を特定し得ないという宿命を担っていることによる。家族構成も使い方も想定不可能なのである。だからこそ、そこが食べたり飲んだり、あるいは寝たりお風呂に入ったりという、人間のきわめて原始的かつ身体的な行為が展開する場所であるという側面から思考することは、自然な成り行きでもあった。空間における原始的、身体的快楽はどうしたら獲得できるのか、ということを、何か普遍性を持った空間として考えなくてはならなかったのである。

また集合住宅は、それがそもそも何人かの、あるいは何世帯かの人のためにつくられることになるから、その規模のあり方は、そのまま人の集まり方の問題に直結するという側面もある。ひとつのユニットの中での人の集まり方から、それらがさらに集合して同じ場所を共有するスケールまで、集まり方を空間の問題として考えていかなくてはならない。

さらにはその集まり方が、都市空間の中でどう位置付けられるのかという次元にまで思考を展開させれば、人の集まり方は、そのまま都市空間や広く環境のあり方といった問題をも包含するのである。

だから集合住宅を考えることは、ある環境（それは都市空間である場合が多かったが）における人の集まり方を身体的なレベルに引き寄せて考える、あるいは環境と身体をつなぐものとして建築を考えるという、きわめて根源的な建築のあり方を考えることでもあるのである。集合住宅を設計しながら、集合住宅でなくても成り立つ建築を考えようとしていたのは、そのためであるし、だからこそ建築が何か普遍性を持った形式を備えていなくてはならないと考えていたのである。

特異なプログラム

このような思いは、集合住宅とはまったく異なる、この「日本盲導犬総合センター」というきわめて特異なプログラムの建築を設計することで、さらに強まった。

ここは、盲導犬を訓練するための場所であるが、同時に広く地域に開かれた場所になることも求められていた。日本においてまだまだ不足している盲導犬を、繁殖の段階から研究を重ね、より効率よく育てていかなくてはならないのと同時に、盲導犬を通じての福祉活動を、より広く社会に知ってもらうことで、盲導犬を受け入れる社会の育成も目指していたのである。

だから、求められていた機能は多岐にわたる。犬の日頃の生活拠点となる犬舎、それも犬の年齢に応じたさまざまな犬舎が求められた。まさに訓練中の犬のための棟、分娩のための棟、生まれたばかりの子犬のための棟、親子で一緒に過ごすことのできる棟、そして引退した犬を受け入れる棟、さらには感染するような病気にかかった犬を受け入れる隔離犬棟などである。そしてそれぞれの犬舎には、犬を訓練するためのフリーランと呼ばれる外部空間も同時に必要だった。

またこの場所は、盲導犬の育成に関するあらゆる活動のセンター的な役割も担わなくてはならないから、たとえば国際会議を開いたり、さまざまなワークショップを行ったり、あるいは雨の日には犬の訓練も行うことのできる多目的トレーニンググルーム、犬と人間が自由に一緒に過ごしたり食事をしたりする場所としてのラウンジ、そして犬の繁殖や病気のことについて研究をしたり日常的な犬の健康管理や治療を行うための研究棟、そして、目の不自由な人が、まず盲導犬と一緒になって、24時間生活を共にしながら訓練を行うための宿泊棟や、その他にも、管理機能やショップ、展示やガイダンスのための部屋、地域に開かれた公園など、あたかも小さな街と同じくらいにさまざまな機能が求められた。

この複合機能は、それが地域に開かれるというもうひとつの目的によって、さらにさまざまな機能が重ね合わされることになる。たとえばフリーランは、見物に来る人のことも考慮すると、その周囲がギャラリーのような場所になっている必要があるし、小学生が授業の一貫で訪れる場合と、一般の観光客が訪れる場合、あるいは研究者が訪れる場合とでは、開放のされ方も変化する。つまり、さまざまな場所が、独立したり繋がったりと、自在に領域を変化させることができるような空間であることも求められた。

組成のルール

この計画は、実はコンペで決まった。この、コンペであったということが、僕のプログラムの読み取り方にさらに大きく影響している。コンペの段階で、この複雑なプログラムの全貌を理解することは不可能であった。そもそも前例のない施設でもあるし、守られた環境であり開かれているという矛盾した状況は、設計者ひとりの思い込みだけで克服できることでもない。だからこそ、その不可能であることも、設計与件のひとつにできないか、そう考えたのである。犬舎ひとつひとつについては理解できても、それらの相関関係などはおよそ理解しきれない。ならば、この計画において、変わり得ることと変わり得ないこととの見極めを、そのまま計画にすればいいと考えたのである。

このプログラムにおいて、僕が着目したことのひとつは、多岐にわたる機能に対応した部屋がひとつひとつ独立していなくてはならないという空間配置のあり方である。つまり、訓練のステージが異なる犬のための場所や、観光客も訪れるであろう場所が混在しない方がよいという点である。そしてもうひとつは、犬舎とフリーランとは、常に隣接した状態になくてはならないということ。そしてこれらの集合体に、その開放のされ方に応じた領域の選択性が担保されていた方がよいということだった。

この抽出した少ない与件を尊重しつつ、コンペで決まったら発生するであろう、その他のさまざまな与件をも包含してなお存続し得る建築はできないか、そう考えた。きわめてシンプルなルールでありながら、さまざまな与件を柔軟に吸収しながら進化していくような建築の形式はないか考えた。それは何か硬直的な建築の形式を見つけるのとは違う、むしろ建築の成り立ち、あるいは組成のされ方を決めているルールを見つけようとしているのに近い。

場所の質

最終的にたどり着いた案は、蛇行する回廊の間に、建物と外部空間とが交互に挟まれるという、実にシンプルなルールによってできている。この形式は、プログラムから抽出した与件を、たくさんの具体的な案を通じて検証していく中で生まれたものだが、実はこの場所の特質からも同時に導き出された形式なのだと思う。

敷地は、朝霧高原に向かう途中の富士山の麓にある。富士山の存在は、圧倒的だ。だがそれは、単なる視覚的なランドマークを超えて、この場所の質にさまざまなレベルで深く関与している。富士山に向かって微かに上昇していく大地は、僕たちの視界の大半を専有し、その黒々とした色と相まって、他の場所では味わえないくらいの存在感を放っている。またその地面の勾配は、富士山に向かう方向と裾野沿いに動く方向とにまったく異なる身体的な体験をもたらす。それがたまたま東西軸と南北軸に一致しているために、このふたつの方向性は、日の出や日没が印象的な富士山の表情によって、さらに強められている。つまりこの地面にへばりつくような回廊が南北に大きく蛇行し、東西にゆるやかに上昇していくという形式を獲得したのは、この場所の特質を建築的に表現している様であるとも言えるのである。さらに、どこまでが建築でどこまでが建築でないのかが判別しにくいような、曖昧な輪郭を持った全体のかたちは、この周囲にまばらに残っている林と牛舎や鶏舎の混じりあった風景ともうまく連動することとなった。

距離のデザイン

実際に設計が始まってからは、コンペ時の案は、このシンプルなルールを維持しながら劇的に変化した。どの犬舎とどの犬舎が近い方がいいのか、といった相互の距離のあり方、あるいはそれぞれの犬舎やフリーランは、どのくらいの大きさがいいのかといった個別の規模、そうした与件を吸収しながら、まるでひとつの有機体が進化するように、全体の配置も輪郭も変化した。その距離という視点は、全体を通じて常に立ち返るひとつの大切な指標になっていたのだが、この形式は、施設に求められるその他の与件にも、うまく適合するものであった。

南北に伸びやかな回廊は、それぞれの犬舎に暖かな南の光を導き入れ、また一方で、東西方向に幾重にも重なる回廊は、赤富士にも象徴されるような東西方向からの光による印象深い風景を、回廊をくぐり抜けるという体験によって、身体的なレベルにまで昇華させている。ひとつひとつの建物は、同じ勾配の屋根が伸び縮みすることでできていながら、その配置や規模と、それぞれに異なる床仕上げによって、特徴的な場所に仕立てられ、その場所ごとに異なる歩行感は、目の不自由な人にとってもわかりやすい場所性を付与することにもなっている。視覚的には常にあちらこちらがつながりながら、回廊が巡ることによって、どの建物間にも、視覚的、動線的な距離をつくり出し、経路の選択性を高めている。それは、さまざまな状況に応じた開放と閉鎖のされ方にも自在に対応できる空間のつながり方を実現している。すべての建物を挟み込むようにしてある回廊の床下は、配管トレンチとなって、今後起こり得る設備系の更新や、増築といったことにも柔軟に対応できるだろう。

建築の新しい普遍性

ここで考えたような、特異なプログラムと特徴的な場所から生み出された建築は、もちろん特殊解のひとつである。でも、その特殊解をつくることの中に、何らかのルールを見つけたいと、考え続けていた。どこか普遍性を持った形式であって欲しいと。それが蛇行する回廊とその間に散在する建物に収束したのだが、考えてみるとこの空間は、いくつかの居場所がこうした環境の中でどう集まり、また共存し得るのか、といった命題に置き換えて捉えることも可能である。集まり方の問題は距離の問題に、そして場所と身体の問題は、この環境において動き回る経験と視覚的に認識する空間に置き換えて考えていたようなものだから、もしかしたらここで生みだされた形式は、幼稚園や美術館といった他のプログラムにおいても成り立つかもしれない。つまり僕が「そこにしかない形式」といって目指していた建築の普遍性は、その場所でしか存在し得ない形式でありながら、そこが、その土地における人の集まり方という点でプログラムを超越しているものであるから、使い方はいくらでも開発可能な、そんな空間のあり方でもあるのだと思う。

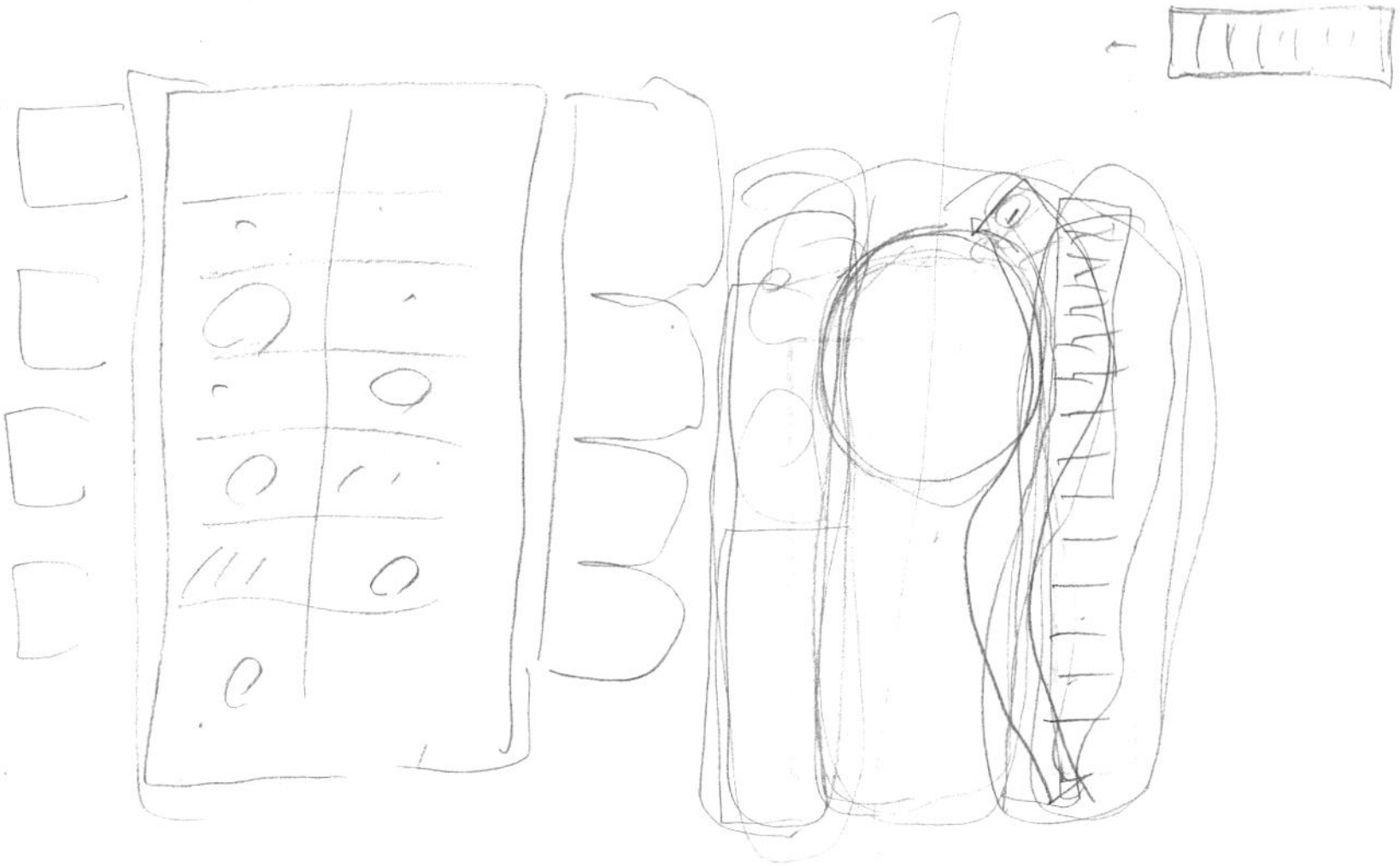

初期のスタディでは、過去に自分たちが手掛けたプロジェクトを参照しながら、建築のスケールや組み立て方を模索している。

スタディは、犬舎と呼ばれる犬の拠点と、それ以外の、広く一般に開かれる場所との関係性に主題が移っていく。

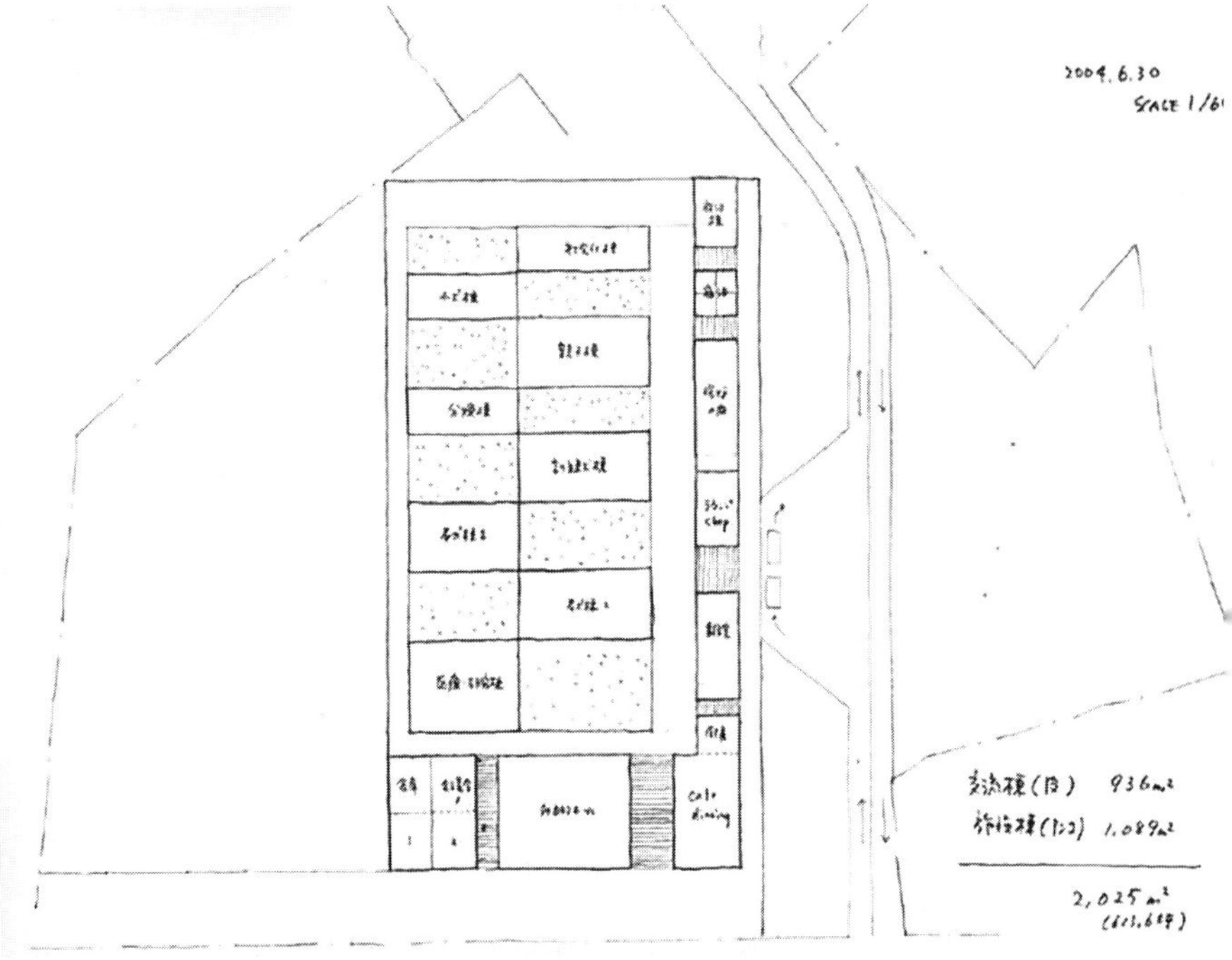

「platform」という集合住宅のプランにあてはめて解こうと試みた案。
犬舎と開放するゾーンが明確に分離されすぎている点がよくない。

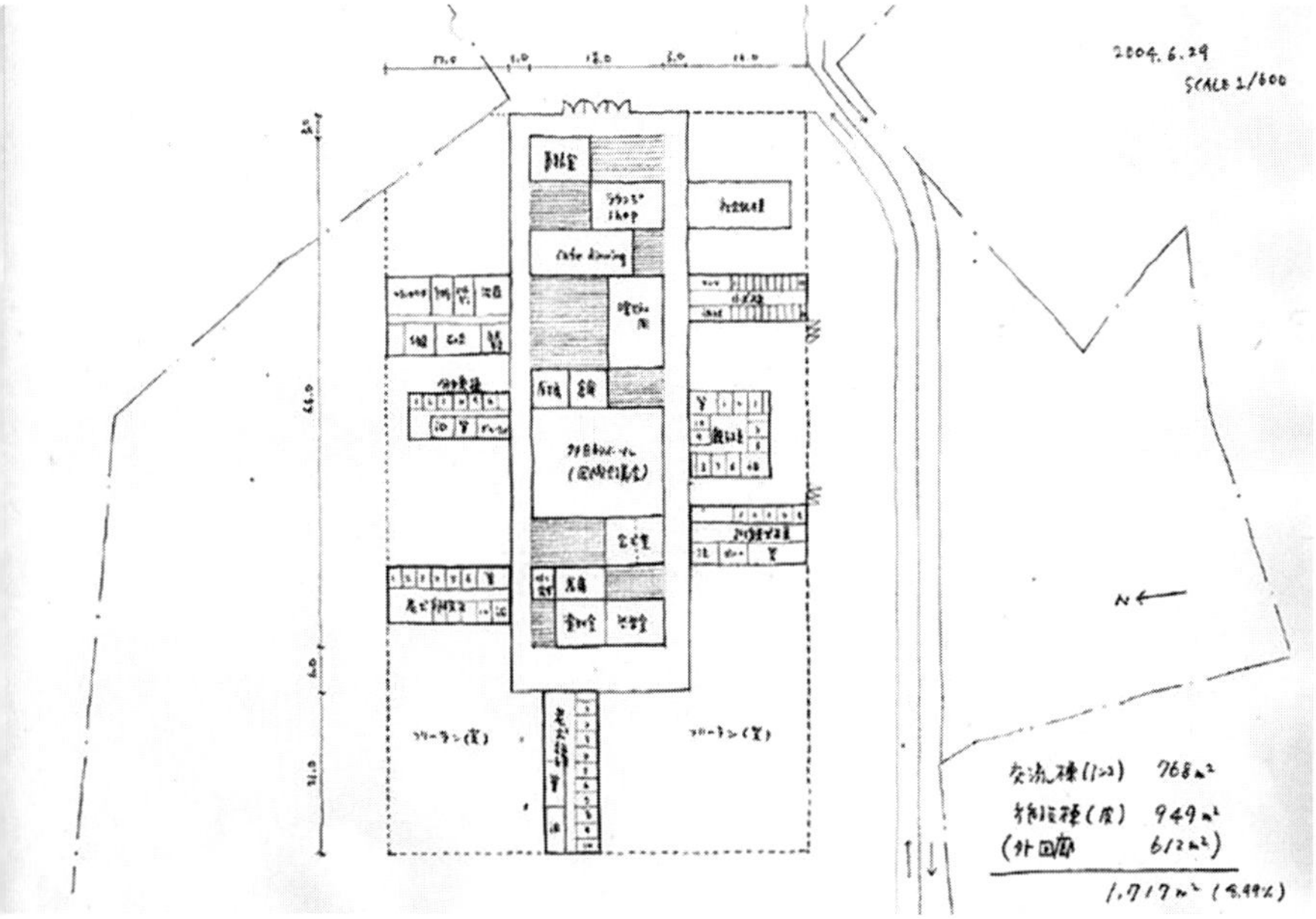

犬舎と開放するゾーンを敢えて反転させ、犬舎を広く開放する建築群の周辺に配置した案。盲導犬と言えども訓練中に逃げると言う。そうならないために、フェンスが建築の外周に巡らなければばならないことに気づく。

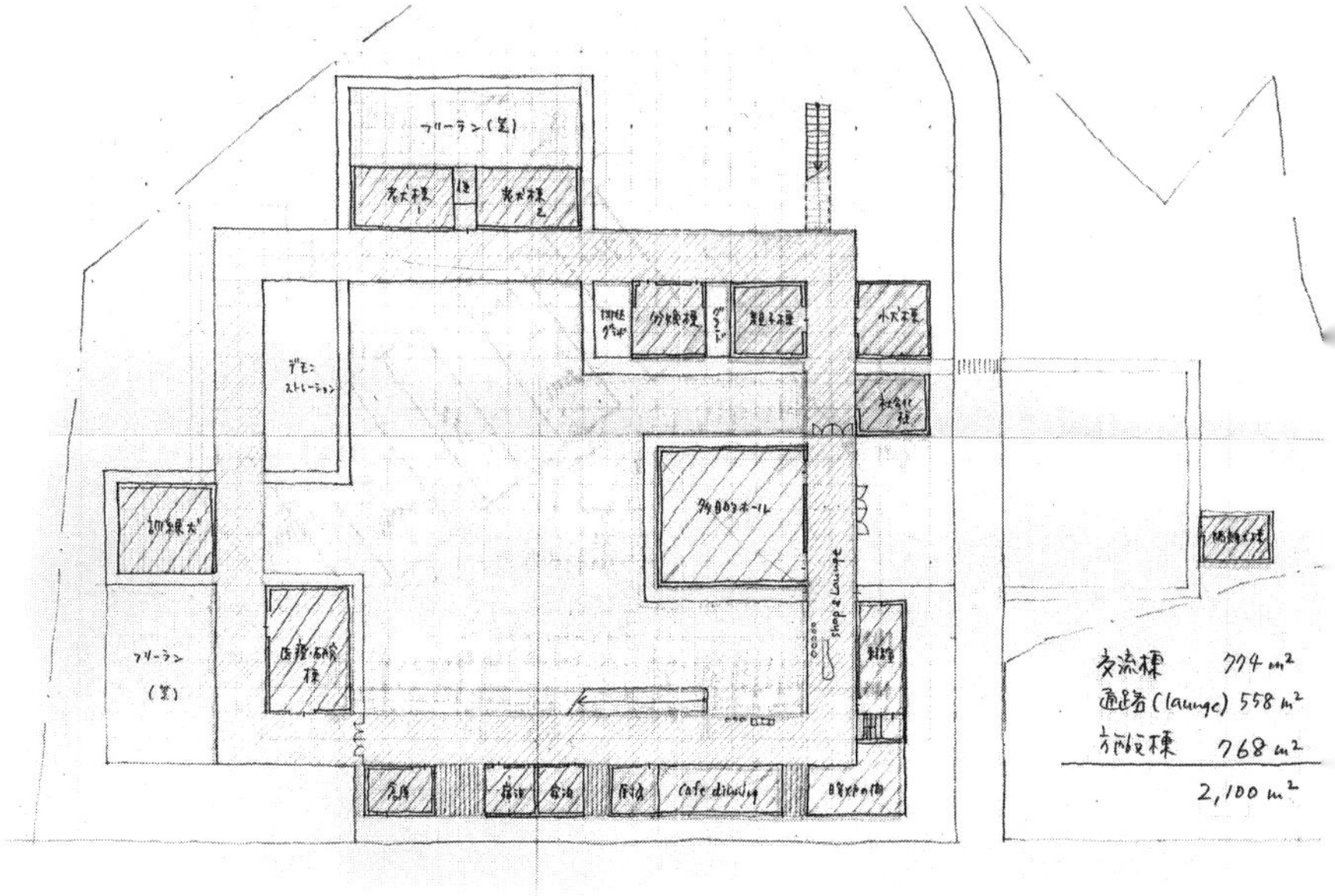

開放する場所、犬舎という区別はなるべく無くした方が良いと気づく。大きな回廊を巡らせ、敷地全体を散策しながら様々な訓練の場所が垣間見えるような案。最終案の原型に近い。

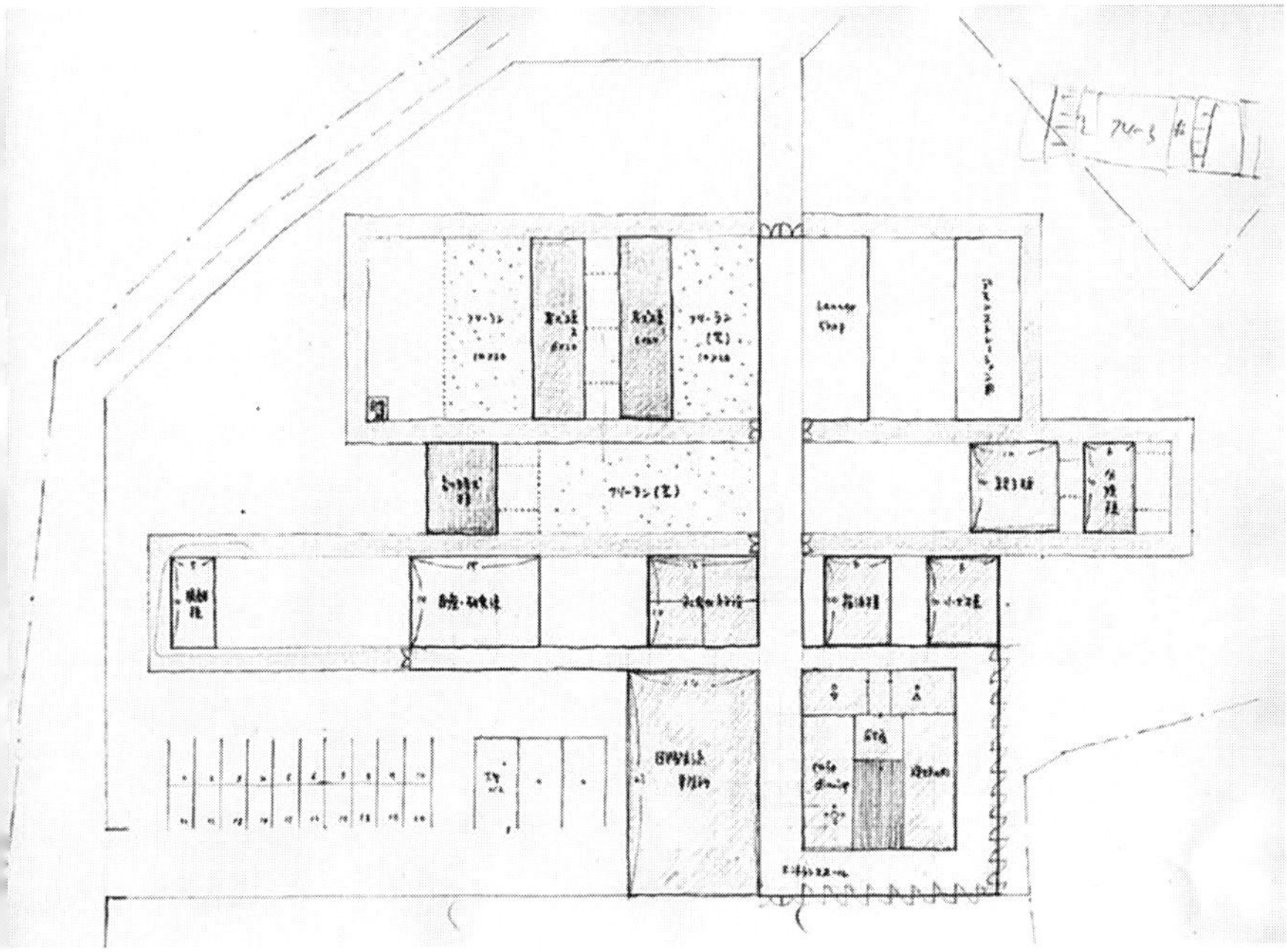

回廊と、その間に挟まれる犬舎、という関係性だけを規定すれば良いのではないかと気づいた時点での案。犬の訓練に、フリーランと呼ばれる庭が必ず必要である。その局所的な関係性から全体を構築していこうという方針がここで決まる。

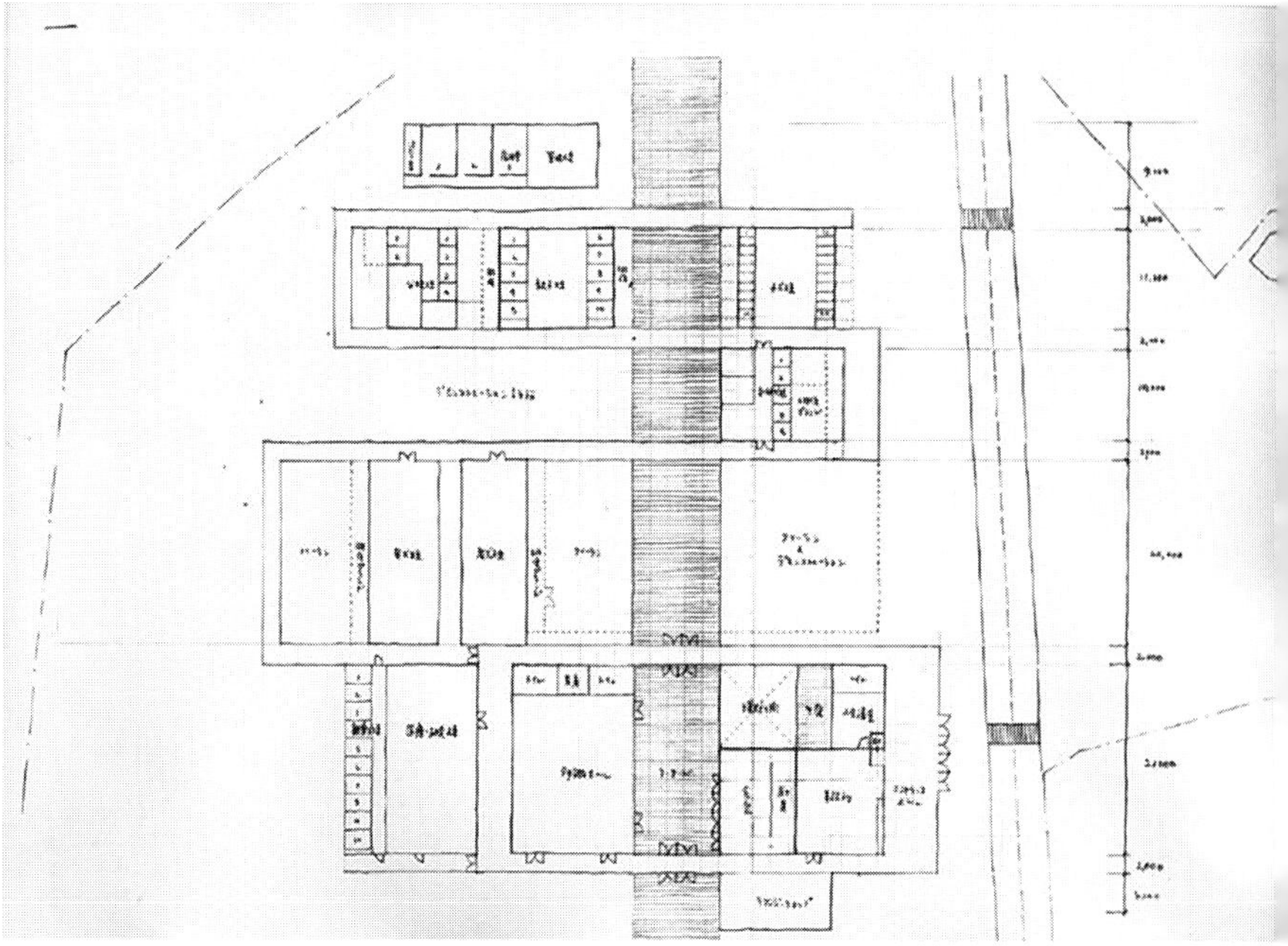

回廊を閉鎖的なものではなく、オープンエンドな状態にしておくことで、より配置の自由度が高まることに気づく。犬舎の配置計画は、いくら考えてもわからないことが多い。施主との対話を持てないコンペという状況の中では仕方ない。そこでこの局所的なルールだけを大切にして、建築の全体像については、議論の中で自由自在に変えていけばいいという考えに至った。その意味で、この案は議論のプラットフォームとしての案である。今日的な言葉で言えば、アルゴリズム的なプロセスを前提にした案である。

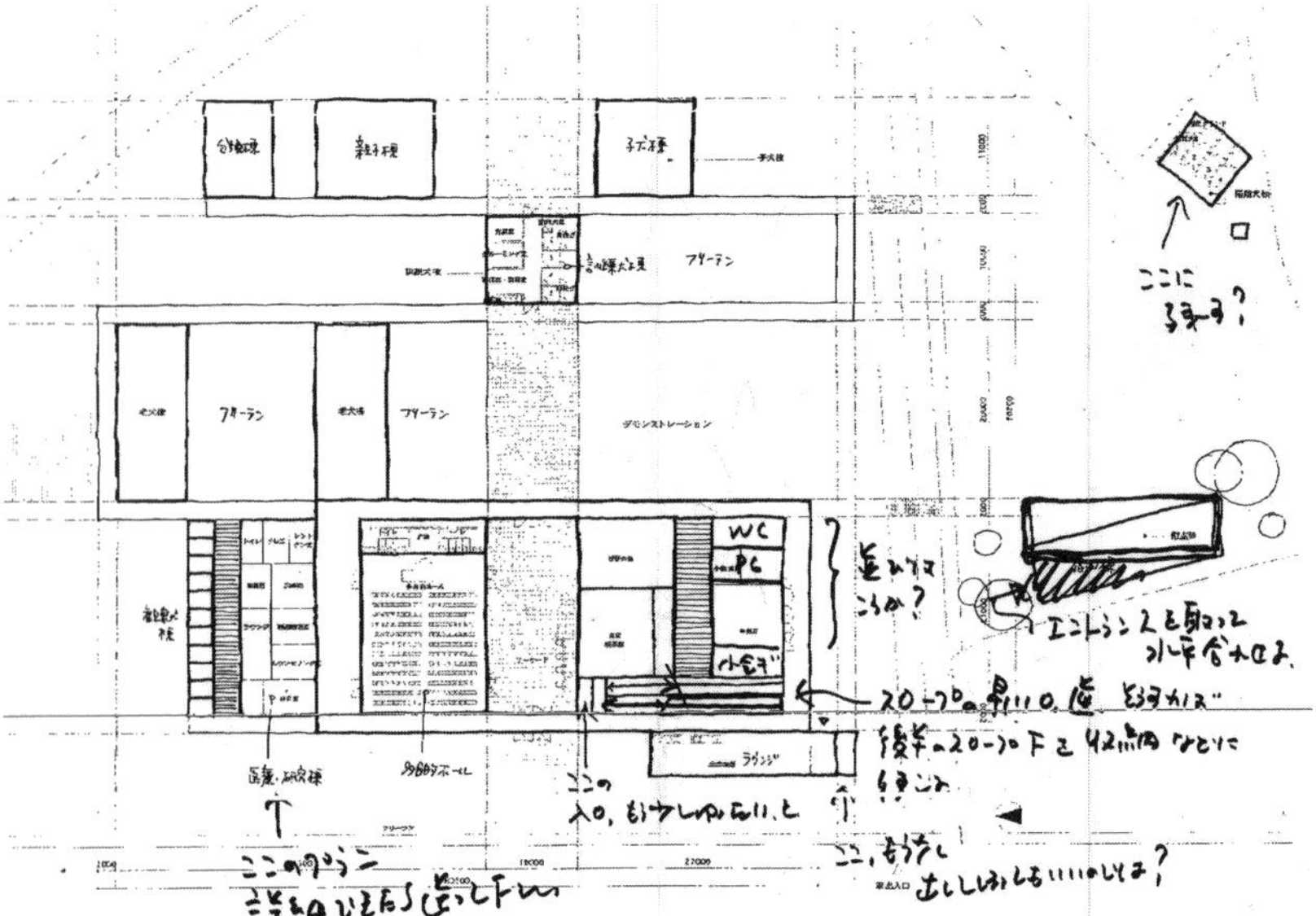

蛇行する回廊とそこに挟まれる小屋、という原理は踏襲しながら、その配置については様々なパラメータを拾いながら融通無碍に変化させている。また同時に個々の小屋の空間的な検討も進められる。

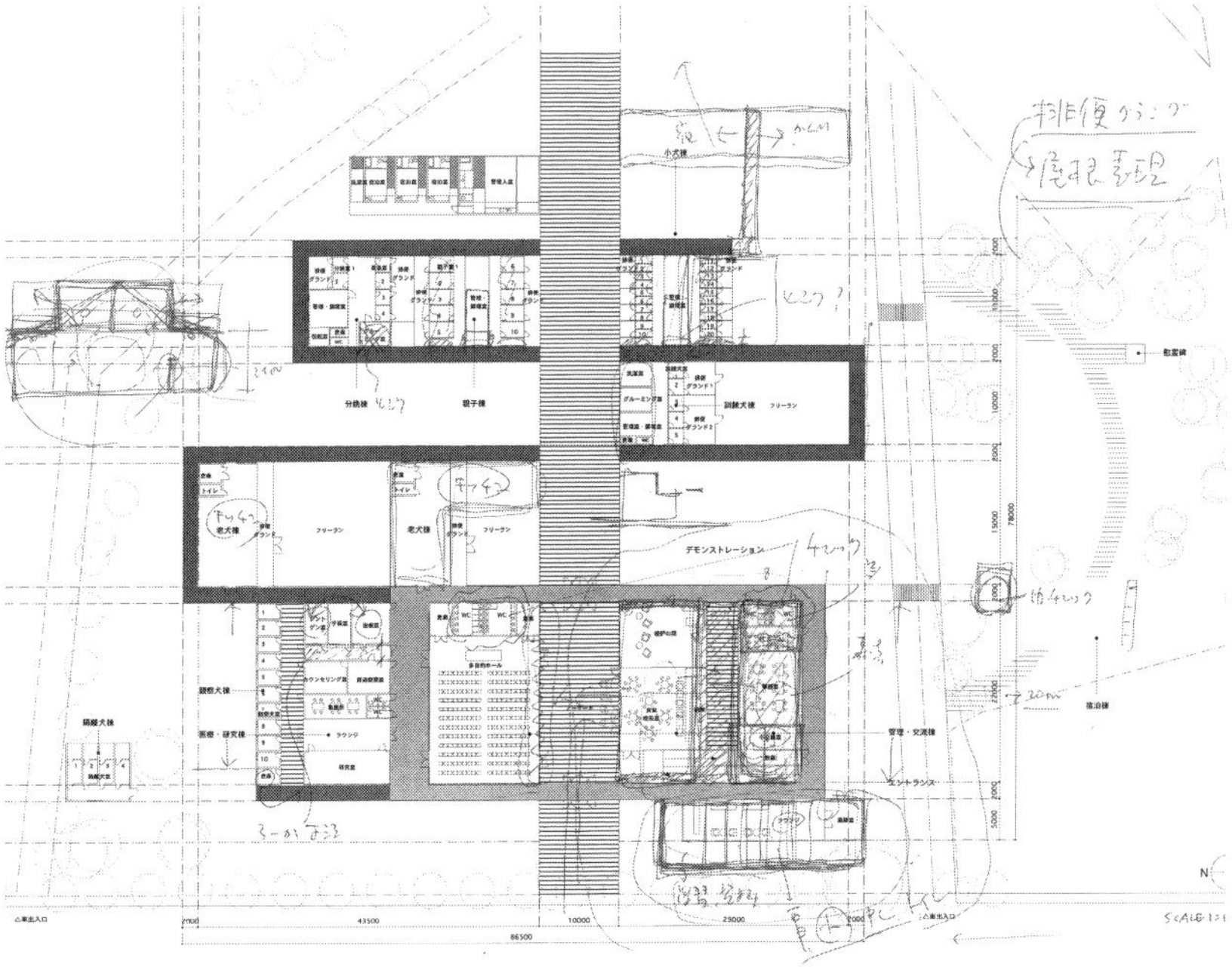

蛇行する回廊の原理を踏襲しながら、端部においてはその原理が崩れていっている。原理は、その綻びや破綻があって始めて価値が見えてくるものでもある。

盲導犬センターは、片流れの屋根を持つ素朴な小屋が集まってできている。それは、もともと牧畜で開拓された歴史を持つこの地域に点在する鶏舎や牛舎のような形式を踏襲しつつも、その集まり方に少しだけ秩序を与えることで、周辺に溶け込み、ここにしかない場所をつくり出すことができるのではないかと考えた結果である。

II

建築で何を学ぶのか

2013年12月1日に東大において開催された、槇文彦、磯崎新、原広司の3人の建築家が一同に会したシンポジウム、この歴史的な事件と言ってもいいほどの貴重な場を振り返ることがこの稿の役割だが、その前に少し遡って僕の学生時代、槇先生や原先生が教鞭を執られていたころの東大の建築教育を振り返ることから始めたい。

僕が建築学科に進学したのは1982年、時代としては、建築がポストモダニズムへとまっしぐらに突き進む空気に溢れていたころである。チャールズ・ジェンクスの「ポストモダニズムの建築言語」が発表されたのが1977年、その情報がようやく雑誌などのメディアを通じて日本になだれ込み始めていた。昨今のようにネットもなければフェイスブックもツイッターもない時代であるから、海外の情報は微妙に時間差を伴って日本へと伝播《でんぱ》してきていた。これらのメディアが伝えた建築の多くは、ペディメントやオーダーなど様々な歴史的モチーフを身に纏い、それまでのモダニズム建築が何か退屈なものであると思わせるほどに饒舌なものばかりであった。モダニズムに対する潜在的な批評は、ポストモダニズムが標榜する「歴史への回帰」によって一気に表面化し、その後訪れるバブル景気の後押しもあって、街には「歴史」によって正当化された建築が雨後の筍のように林立することになったのである。そう、この時代の最先端は「歴史」であり、これらのボキャブラリーをいかに巧妙に再編するか、その力量によって建築の評価は下されていたのだ。

　そのころ東大においては、槇文彦先生、香山壽夫先生が学部の設計教育を担い、原広司先生は大学院における設計教育に携わっていた。学部における設計教育は、設計課題を通じて行われるのみであったから、エスキスがその中心だったが、両先生の実作によって培われた、より多面的な視点でのエスキスは常に刺激的だった。もちろん当時は、建築構法の内田祥哉先生、建築計画の鈴木成文先生や高橋鷹志先生など、他の系の先生方も積極的に設計教育に携わっていたから、より広範な視点で設計教育を行う土壌はすでにあったと言うこともできる。

　また大学院における設計教育は、修士設計と建築設計に関する講義など、今と大差ないかたちで展開していたが、その内容は随分異なるものであった。槇先生の講義は毎回外部から講師を招き、いわゆるオムニバス形式で連続レクチャーを行うもので、オギュスタン・ベルクや三宅理一など、今にして思えば、ずいぶんと豪華な講師陣がそれぞれ独自のテーマに従い自由に建築について語っていくものだった。また原先生の講義は、毎回黒板に数式や和歌や漢詩が記され、そこから想起される空間について、延々と持論が展開していくものだった。決して具体的な建築の作り方を教えるものではなかったが、僕自身最も熱心にメモを取った講義でもあった。

また槇先生と原先生が一緒になって修士設計を担当していたのも忘れ難い。確か課題のテーマは「都市の装置」。それ以上の説明もなければ、何ら具体的な設定があったわけでもない。とにかくこの言葉から各自が自由に空間を構想し、表現していくのである。エスキスも年に数回しかなかったように記憶しているが、原先生の「たった1枚のスケッチが必要なのである。」という名言に煽動されるようにして、誰もが緊張と興奮の中で絵を描いていた。思い返せばどれもが極めて自由な授業であったが、その分僕たちにはたくさんの考える時間が与えられていたように思う。

そして両研究室では、それぞれに独自のフィールド・リサーチも始まる。槇研においては、東京論がその中心であった。当時東京は、カオスの美学などともてはやされ、雑駁な議論がメディア上に踊っていたが、槇研のそれはむしろ地道に東京に潜在する秩序や構造を見い出すことを主眼としており、数多くの発見的視点が記憶に残る。一方の原研においては、集落調査が進行していた。その成果は『集落の教え』などで周知のことだと思うが、ヴァナキュラーな集落や都市に潜む数々の空間的知恵を明らかにしようとする試みと、およそ建築家が興味を示してこなかった調査対象に新鮮な驚きを覚えたものだ。(ちなみに香山研においても、アメリカにおけるヴァナキュラーな住宅地調査が進行していたから、同時代的興味であったとも言える。)

さて、では磯崎さんはそのころいかなる存在であっただろうか。磯崎さんは当時からアカデミズムとは距離をとり、実作と著作を通じて建築界に多大な影響を及ぼしていた。建築学科に進学すれば、先輩からは「イソザキ読んだか?」と聞かれる。『空間へ』、『建築の解体』、『手法が』の3部作と呼ばれる著作を読破しているかどうか、それが建築学科に進学して最初に受ける洗礼であったのだ。慌てて本を買って貪るように読んだが、そこに展開する都市論、建築論と広範なレファレンスはとても全て理解することなどできなかった。そして何よりも、自らの作品すら俯瞰するかのような客観的な方法論が綴られていたことは、衝撃的であった。実は僕は、大学院入試に失敗して1年間留年するという、当時としてはなんとも肩身の狭い立場で時間を持て余すことになってしまったのだが、その時間を幸運にも磯崎アトリエでのバイトに費やすことになったのである。まさに「イソザキ」の言説の影響をまともに受けての決断だったが、およそ1年間、ほぼ毎日のようにアトリエに通うこととなった。そこで目にした磯崎さんは、日々アトリエに現れてはスタッフのテーブルを巡り、その上にある図面にイエロートレぺを重ねては次々と上描きして行くというなんとも地道な作業を繰り返していたのである。その、ある意味泥臭い建築の作り方と、自らの作品すら相対化していく言説とのギャップにずいぶんと驚かされたが、しかし建築家がつくる作品とそこに展開する論理との間には不思議な距離が介在しつつ、常に並走して相互に補強しあっている様を目の当たりにしたのである。

さて、今回のシンポジウムを振り返って何よりも印象深かったのは、槇先生も原先生も磯崎さんも、いずれもが皆、現在の都市が極めて複雑で捉えようのない対象になっているという認識において一致していること、そして同時に建築家が都市に対して発言していかなくてはならないという共通の立ち位置である。槇先生は、『漂うモダニズム』の中でも論じているように、何か大きな共通の指針を持たない、一人一人がこう思うと述べているような状況を「大海に漂うようである」とし、唯一の支えは「共感」しかないと分析している。しかしながら、それでもなお都市を空間の問題として語っていくことの必要性を訴え、この複雑な社会や都市に潜在する新たな関係性について考えていくことに価値を見いだそうとしている。

原先生は、やはり今日の都市の複雑性を全面的に受け入れ、また建築以外の様々な分野における空間概念が飛躍的に拡張している時代を前提に、幻想としての空間を構想していくことのできる建築家の存在意義について再確認し、改めて建築家が都市や空間についてリーダーシップを取って行くことの重要性と、その発信母体としての大学の役割を強調している。

磯崎さんも、やはり複雑になった都市の状況と建築家が扱うべき対象が一気に拡張していっている状況を捉え、建築家という概念そのものの変革を指摘している。しかしながら、そのような状況下で頼りうる人間の身体にも触れ、個別の身体から立ち現れる極めて経験的な空間から論理を展開してきたことを述懐する。

果たしてこのような指摘を今の学生たちはどう受け止めたのだろうか。大御所の言説として、真摯に受け止めたのであろうか。それとも別の世代の建築家の言葉として、遠くに聞いていたのであろうか。あるいはまた、今の時代が抱える課題に重ね合わせて切実に受け止めていたのであろうか。それは伺い知ることもできないが、僕自身にとってそれは、学生時代から授業や著作、作品を通じて触れてきた言説が、多彩に進化しながらも基本的なところでは変わることのない建築の普遍的なテーマとして浮かび上がったことに、懐かしさを超えた新しい発見と喜びを感じ取ったのである。その普遍的なテーマとは何か。

それは、3人の建築家の思考や論理の根底にあるものが、常に人間に対する興味、さらには人間がつくり出すもの——文化への飽くなき探究心である。そして同時に現実の設計行為という極めて複雑な、しかし豊かな思考プロセスの中からこそ新たな論理が生まれ得るという、確信である。

槇先生が都市を空間論として論じた方がいいとする指摘は、かつての東京論の延長上にある。それは、人間が生み出した壮大な複合体としての都市、そこに潜む秩序や原理を見つけ出す試みが、今なお有効であるとする確信に裏付けられている。もちろんその確信は、昨今の新国立競技場における槇先生の提言に対する反響の大きさに後押しされている面もあるだろう。そしてその反響を支えているものは、「共感」だけなのかもしれない。しかし建築家だけでなく多くの市民も、この複雑な都市においてでさえ景観や文脈という、ある意味で古典的な枠組みの中で違和感を唱えている状況は、この複雑な都市に、まだまだ多くの秩序が潜在していることを示唆している。つまり必要なのは、それを炙り出し論理化していくための、読み取り手側の創造力だということだ。この複雑な都市をカオスだと印象論的に片付けるのでもなく、かといって何でもありだと開き直って自閉的な論理に安住するのでもない論理こそ、槇先生が空間論として期待しているところに違いない。

そして原先生が、空間を構想することの意義を問うていることは、かつての様相論に通じている。それは集落という、やはり文化的総体としか言いようのない空間から「離散的」な空間概念を導き出してきたように、常に新たな言葉とともに空間概念の拡張し続けてきた原先生が常に立ち返る、数学的な思考とも結びつく。つまり、何か新しいものをつくり出すこと以上に、すでにそこにありながらも見えなかった原理を発見することの興奮、例えば三角形の三辺に

$a^2+b^2=c^2$という公式があることを知ってしまった途端、世の中にあるすべての三角形には、壮大な宇宙が宿っていると感じられるようなことにも近い。原先生が、空間を構想せよ、一枚のスケッチが必要である、と繰り返すのは、この複雑な都市に潜在する関数／公式を見つけよ、というメッセージなのである。

そして磯崎さんが、常に国家や政治や制度をも統合する存在として建築家を捉え、職能自体をも描き直そうと発言しつつも、その一方で人間の身体に触れたのは、今回最も意外な発見でもあった。この俯瞰的な視点と極めて身体的な視点の同居は、かつての手法論における冷めた設計論と、その一方で展開していた極めて泥臭い建築の作り方の並走状態を思い起こさせる。そういえば、設計プロセスにおいて多くの人が口にする「直感」なるものは、極めて論理的な思考の結果なのだということが科学的に証明されているという話しを聞いたことがあるが、このことは、建築の設計行為と論理との関係を的確に示唆しているようにも思われる。つまり設計行為において下される判断の数多くは時に直感的、感覚的に行われると言われるが、その判断すら、実は極めて論理的に脳の回路が下した結論なのだということだ。そこで扱われているパラメータの数は僕たちが想像する以上に膨大で、多くの場合意識に上らないのである。その無意識的とも言える行為から一つでも新たなパラメータを見つけたとするならば、意図的にパラメータを設定して導く脆弱な論理などをはるかに凌駕する論理構築につながるということだ。

論理的であり身体的である、その両極の視座は、リアルにものをつくることの強みを充分にわかっている磯崎さんだからこそ飛び出した言葉に違いない、僕はそう想像している。

恐らく今の学生たちにとっての旬は、僕たちにとってのポストモダニズムであり歴史であったように、「植物」であり「生物多様性」であったりするのだろう。いつの時代においても建築家は、かたちをつくるためのイメージの源泉を探し求めているから、このような参照は、ごく自然の成り行きでもある。しかしながら、形態的な興奮はいつか冷め行くのも事実であるし、また鮮度がそう長くは保持されないのを僕たちは目の当たりにしてきた。ちょうどポストモダニズムの建築が、急速に色あせてしまったように。また、「歴史」が建築を正当化できなかったのと同じように、「植物」や「生物多様性」も建築を正当化する手だてにはならないだろう。それは、新国立競技場が「植物的」建築の旗手であるザハ・ハディドによるものでありながら、それが神宮の「森」と親和性を見いだせないことを多くの建築家や市民が「直感」している様を見れば、説明の必要もないだろう。

繰り返そう。建築学科において習得すべきことは、決してかたちをつくるための方法論などではない。むしろ人間が生み出した建築や都市の中に潜在する秩序や論理を見つけ出すための極めて創造的な視点であり、それらを新たな空間として構築していくための構想力である。それは時に僕たちが従来築き上げてきたような概念ではとても捉えきれないものかもしれないが、しかし世界の建築や都市が築き上げてきた多様な世界（生物多様性から導かれた建築が世界を均質に覆い尽くそうとしていることとは対照的な！）、そこに対する興味を持たずして、建築は決して未来を描けないのである。そしてもちろん建築が、その根底において人が集まるためにつくられるものであることも、忘れてはならない。その時代、その地域、その場面に必要とされる多様な人の集まり方をデザインして生まれた建築は、時代を超えて人々に愛され、価値が再発見され、いつまでも色あせる事なく存続していくであろう。

改めて思い返すと、僕の学生時代、先生方の口からポストモダニズムなどという言葉は一度たりとも聞いたことはなかったように思う。今改めて、このような建築家に教育を受けたことの幸せを、学生時代以上に（もちろん当時は、今の学生と同じく授業の価値を充分にわかっていたわけではない！）噛み締めている。そしてこのような教育を継承していくことの意義も、重く受け止めている。このことが今の学生に少しでも伝わったのだとしたら、このシンポジウムの価値は、幾倍にもなって後世の建築に、社会に、大きな影響を与えるに違いない。

都市と均質空間

都市に床を増やすこと、それは土地の有効利用がもたらす経済効果に依存した事業であるとする認識は、疑いようのないところだろうが、もとをたどれば、都市におけるもっとも本質的な活動、つまり人の集積／接触によって起こる知識や情報の伝達／生産をより活性化するためのものだった。そのためにより多くの床が集約されたかたちで必要だったのだ。だから都市を高層高密化し拡張していくことは原理的には正しい。20世紀にもっともたくさん建てられた建築——オフィスビルは、その象徴だ。

一方、このたくさんつくられた床は、原理的には均質に広がるプレートである必要があった。そこに期待されたあらゆる接触／活動は、どこでも自由に展開されなくてはならなかったし、何よりも知識や情報は、流動化されてはじめて価値の生まれるものであったから、床は切れ目なくつながっている必要があった。そしてまた、この均質に広がるプレートは、窮屈だった社会、地位、慣習、場所から解放され、人、資本、情報、あらゆるものが流動化していく20世紀的な自由の象徴でもあった。だからオフィスビルがユニバーサルな空間を指向したのも、原理的にはやはり正しい。

こうして都市における建築は、次々とオフィスビルへと置換されていった。それが20世紀だ。東京の街を見渡しても、視界に入るほとんどの建築がオフィスビルだ。圧倒的な風景の変化を伴って続く床の増大は、都市の宿命でもあったのだ。

だが、それでもやはり20世紀につくられ続けたオフィスビルは、都市の床を増やしたことにはなっていない。なぜなら、「都市を拡張すること」と「限りなく均質な床」というふたつの事象は、もともと矛盾を孕んでいたからだ。そもそも都市は均質な空間なんかではない。地形もあれば道幅も違う。建築の規模や街の密度もまちまちだ。そしてこの不均質さがあったからこそ、都市的な活動が起こり得たのも事実だ。つまりこのふたつの事象が本来向かおうとしていた状況をもう少し正確に記述するなら、それは「都市のように不均質な床を切れ目なく拡張していくこと」であったはずなのだ。にもかかわらず不均質な都市を均質な空間と読み替え、この均質空間を、オフィスビルというひとつの形式に収斂させてしまったことが、結果的にこのふたつの事象の乖離を決定的なものにしてしまった。

そのオフィスビルが陥った形式は、均質空間がきわめて狭義のパラメータに還元され、再生産されることで強化され続けた。つまりオフィスビルを、それを構成するあらゆる要素に解体し、個々に精査を加えて最適化し、そして再構築を行うという、近代合理主義的な思考を基盤にした手続きによってだ。天井高は居住性、経済性を考慮して2700㎜とし、コアは有効率80％を目指してコンパクトにまとめ、オフィス空間の奥行は、採光条件からして20mが限界値という具合に、限りなくこの閾値の精度を上げることで、オフィスビルをスペックの加算的な結果に短絡させてしまったのだ。それはちょうど電化製品やコンピュータの組み立て方に似ている。どこかひとつの要素が破綻すれば、すべてが機能不全に陥るような。こうしてオフィス空間は、それがセンターコアだろうが三枚おろしだろうが、デスクワークのために目的化され、入居する企業にとっては、何スパン借りるか、というたった一つのパラメータに還元されたものでしかなくなってしまった。これは均質空間でもなければ、ましてや都市の拡張などでもない。

開発されるべきは、新たなスペックでもなければ、スペックの精度を上げるための技術でもない。床の積層を前提とし、限りなく均質に展開可能でありながら、都市そのもののように、地形や歪みをもった空間、あるいはそれを生起させることのできる冗長な空間をつくるための建築的なアイデアだ。それは地形を引き受け、道や街区をコントロールすることで領域形成をしつつも、そこでの自由な建築的展開を許容する都市、あるいはインフラの計画と考えてもよいだろう。メガフロアが広い床と高い天井、そしてコアを外周部に分散して配置するという建築的なオペレーションによって達成しようとしたのは、まさにこの点なのである。

こうして人の自由な活動、移動、滞留をサポートし、あらゆる領域形成を可能とするメガフロアは、新しいワーク環境のためのまったく新しい形式をもった建築として生み出されたのだが、実はオフィスであるというプログラムがこの形式を保証するということにはなっていない。つまりこれが本来の意味での都市空間の拡張を実現しているのだとすれば、この空間は、都市が新陳代謝を繰り返しながら持続していくように、常に使い方が再発見されて、価値を再生産し続けていくことのできる、しなやかな強度を備えた環境になっているはずだからだ。それはオフィスというプログラムを超えたところでも成立可能な建築のあり方を標榜しているであろうし、それは近代合理主義的な思考を超える思考によってはじめて生み出されるものなのだ。

スポーツのルールと都市計画

スポーツのルール、あるいはスポーツのためのフィールドや道具の規格は、実によくできていると改めて思う。例えばサッカー。手を使ってはいけないというたった一つの「禁じ手」を作ることによって、この球技は実に興奮に満ちたゲーム性を獲得している。それは、ゴールを決めるためなら「ハンド」もありだとした途端に、サッカーが実に混乱に満ちた、だらしのない遊びと化してしまうことが容易に想像できてしまうことからも明らかだ。そしてこの不自由な「禁じ手」があるからこそ、トラップやヘディングなどといった新たな技術が開発され、身体のいくつもの部位が利用可能なものとして再発見されていったのだろう。何を「禁じ手」にするか、その設定が実に見事だったのだ。

あるいは野球。バットとボールという道具もさることながら、野球場の設定が絶妙だ。なぜなら、もしもホームベースから外野席までの距離を、今よりも10メートルずつ大きくしたら、試合でのホームランの数は激減し、なんとも退屈なゲームが増えてしまうだろうし、あるいはホームベース、1塁、2塁、3塁の、あのダイアモンドをもう一回り小さくしたら、内野安打も盗塁も増え、ゲームはなかなかアウトの取れない、長時間にわたる試合ばかりの堪え難いものになってしまうだろう。同じような意味で、小学生が東京ドームで試合をしても、恐らくゲームにはならない。彼らの草野球は、自分たちの身体能力とゲームを楽しく成立させることとのバランスの中で、まずダイアモンドの大きさをきめるところから始まるのだ。

このような設定は、もちろん他にもたくさんあって、野球が1チーム9人であること、3アウトでチェンジすること、3振でアウトになること、4ボールで塁に出ること、などなど、実に多くの設定が、相互にダイナミックな関係性を築くように決定されることで、ゲームは実に楽しく、また選手個々人の能力や個性が存分に発揮されるような状況を可能にしている。つまり、これらの設定は、個々に独立してその妥当性を問えるものではなく、常に関係性の中でしかそれを評価できないような類いのものなのだ。そしてそれは長い時間の中で発見されてきた閾値のようなものといってもいいだろう。

ここ1～2年、オフィスビルの計画に携わる機会があって、あらためて昨今のオフィスビルを数多く見ることになったが、これまで生み出されてきたオフィスビルの多くは、この設定が相互に独立したパラメータとして扱われた上で、それらを加算的に組み上げた結果としてしか位置付けられていないことに驚かされる。天井高はどのくらいが適性であるとか、あるいはオフィス空間の奥行き、照明のピッチ、フリーアクセスフロアーの懐などなど、すべてのパラメータは個別に検証され、その精度が上げられている。これはまるで電化製品かコンピュータの組み立て方のようでもあり、何か一つの設定が崩れると、すべての機能が破綻してしまうかのようでもある。でもこのような建築の組み立て方は、本来設計がめざすべきものではない。むしろこれらの設定の関係性をデザインすることこそが建築の設計の根幹だろうし、こうすることで、そこでのワーク環境がより活性化されることを目指すべきものなのだと思う。

そして同じような視点で、都市計画の在り方を探っていくことは、とても可能性に満ちているのではないかと最近よく思う。単に街全体に形態規制や容積規制といった設定を与えるのでなく、かといって全ての規制をなんのルールもなく緩和するのでもない、あたかもスポーツのルールを決めていくように、個々の建築の自由度を許容しつつ、全体として極めてアクティブに街全体が新陳代謝をしていけるような、そんな設定のダイナミックな関係性を発見することができれば、都市計画はまだまだ限りないポテンシャルを発揮していくことができるのだと思う。

不自由な柱

メディアテークには、現場のときに3回、完成してからは利用者として、たぶんもう10回以上訪れている。ワークショップやレクチャー、あるいは展覧会で行ったこともあるし、単に待ち合せ場所として利用したこともある。いつ訪れてもそうだが、本当に楽しい建物だと思う。楽しい理由は何かと思い起こしてみると、それは展示されているアートでも書籍でもなく（といっては語弊がある。それらももちろん素晴らしいが。）訪れる度に新しいイベントが、何か適当とさえ感じられるほどの気楽さで行われていること、そしてあたりをうろうろする人たちがそれぞれ、それこそ勝手にいられる状態にあるのだと思う。レクチャーのときは、ふらりと覗いては帰っていくおじさんやおばさんたちの姿を目にしたし、ワークショップのときには、僕たちとはまた別にイベントをやっているグループもあって、でもそれがレクチャーやワークショップの雰囲気を乱すわけでもなく逆に集中力を高めてくれる。その関係性が新鮮だったのだ。

そしてこの関係性は、イベントの企画者側や利用者といった区別さえも取り払うような力があって、準備の光景ですら、ひとつのイベントと化してしまっているようなのだ。あらゆる行動や領域が同時共存できるこの自由さは、何か公共施設というよりも、それぞれが勝手に居心地のよい場所を見つけては佇む街路のような空間なのだ。

このメディアテークの自由さは、オフィスビルのように積層されたプレートによって実現されていると、すでにあちらこちらで触れられてきた。確かにメディアテークが公共建築として画期的であったのは、その内包するプログラムが図書館だろうと美術館だろうと、建築の形式としてはオフィスビルで構わないではないか、といい切ってしまった点にある。つまり、床が積層され、それを柱で支えるという今世紀にもっとも数多く建てられたオフィスビルと同じドミノの空間を、たまたま図書館や美術館などとして使うだけで公共建築は十分成立する。そう実証することで、ビルディングタイプを拠り所に建築をつくることの無効性を鮮やかに謳ったのだ。メディアテークの誕生は、不必要に大きなエントランスホールや、さまざまな室名の配列によって全体を組み立てようとしてきたそれまでの公共建築の、慣習化された虚構性を暴いてくれたのだ。

でも僕は、公共建築はオフィスビルで十分ではないか、といった短絡的な帰結をここで求めているわけではない。なぜならあのチューブのかたちと配置、そしてプレートの薄さという具体的な建築のかたちが、オフィスビルに象徴されるユニバーサルスペースとは、まったく別の空間と使われ方とを導いていると思っているからだ。チューブはあくまでも柱としてあり続けているが、僕たちが知っていたこれまでの柱の何もかもが覆されてしまっているのだ。ソリッドな存在としてあり続けていた柱がヴォイドになってしまっているし、シンボリックな存在であり続けていた柱が、何とも華奢な「弱さ」を身にまとってしまっている。そして柱には、光や風や移動手段という、もっとも流動性の高い建築の要素が内包され、そのプレートの薄さとあいまって、ヴォイドであることと弱さとは、より強く印象づけられている。この空間的な反転のイメージは、現場の段階で、より鮮明だった。ちょうどプレートとチューブのみができあがり、外壁が取りつく直前の光景は、床とそれを支える柱といったドミノの関係性とはまったく逆の、柱に働く力が圧縮力ではなく引張力であるようなものだった。ふわふわと浮遊してしまいそうな何枚ものプレートを、辛うじてつなぎ止めているとさえ思える空間だった。だがこの柱の本質は、単なる空間的なイメージにとどまるものではない。

つまりあのチューブがもたらした最大の革新は、オフィスビルに象徴されるユニバーサルスペースにとって「邪魔物」としてあり続けた柱ではなく、「不自由な柱」として立ち現れたことにあるのだと思う。あらゆる流動的機能を内包しているからこそ、それは使いこなさなくてはならない「不自由な柱」としてあり続けている。実際あの場で何かを企画しようとすれば、柱と向かい合わないわけにはいかないだろう。どう使うのか、どう使い倒せるのか、その都度使い方を再発見し続けていくことを強いるだろう。そこにはオフィスビルが、動線や設備、構造などといった機能を限りなく分化させていくというきわめてモダンな思考を繰り返すことで生み出した、何も規定しないという無責任なフレキシビリティがあるわけでも、あるいは逆にプログラムという虚構を運用することでしか生み出し得ない押しつけがましい空間の規定力があるわけでもない。柱がそうした流動的要素を抱え込みながらも柱として成立しようとした、そのせめぎ合いの中で生まれた「不自由さ」なのだ。そしてこの「不自由さ」とは、常に克服されていくことを前提とする。その克服という行為があるからこそ、これまでに獲得したことのない自由が獲得できる、そういう類いのものだ。

いつもメディアテークに訪れて感じるあの気楽さと、そしていくつもの活動が同時に共存可能であることの自由な雰囲気は、この「不自由さ」の克服の末に獲得された空気なのだと思うし、その克服を目指して重ねられた運営側、利用者側の日々のコミュニケーションにこそ、この建築の公共性は体現されているのだと思う。公共建築が担うべき公共性とは、もちろん大きなエントランスホールなんかではなく、本来こうした不確定なプロセスをも巻き込んでなお自立し続ける建築の強さに宿るものなのだろうし、それはサステイナブルであることに建築がどう答えていけるかを問う、ひとつの投げかけでもあるのだと思う。

地図と自転車

ツールとしての地図

地図は、興味深いツールである。運転するとき、地下鉄に乗るとき、店を探すとき、様々な場面で僕たちは地図を利用する。そして多くの場合、その目的に応じて地図を適宜使い分けている。運転するときには道路地図、地下的に乗るときには路線図、そして店を探すときにはグルメマップ、という具合だ。つまり地図は、都市の一「断面」を的確に編集したツールなのである。逆に言うと、地図の数だけ都市の「断面」は描き得るし、その意味で、まだ描かれていない地図が山のように残されている。

かつて東京の街を読み解くツールとして、地図を描くプロジェクトを研究室で継続していたことがある。東京という興味深くも秩序が見えにくい都市に、僕たちがまだ視覚化／言語化できていない秩序があるのではないか、そのような動機づけで始まった「TOKYO 100 MAPS」

というプロジェクトである。都市のフィールドサーベイを行いながら、そこに発見できる地域固有の要素を拾い上げ、それを新しい地図として定着するのである。植物の地図、空き地の地図、袋小路の地図、工事現場の地図など、最終的には100枚の地図を描こうとしたのである。これらの成果は学生の論文にも結実し、渋谷における地形と建築のまとまりが生み出すミクロなスケールの地域性、吉祥寺のアーケードの連携がもたらす大規模店舗と小売店の共存状態、神楽坂における阿弥陀籤状の街路網が生み出す街の奥行き感の増幅など、新しい都市の構造を発見することにもつながった。都市を読み解くツールとして、地図はなくてはならない。

ツールとしての自転車

都市を読み解くツールとして、もう一つ僕にとって不可欠なのは、自転車だ。もともと学生時代から自転車で日本中を旅行していたから、実は地図と自転車はセットで活用していた。特に自転車の旅にとって重宝するのは国土地理院発行の五万分の一の地図で、それらをつなげてルートを見定めるのが常だった。当たり前のことだが、自転車というツールを手にした途端、それまでの街の把握の仕方とは全く異なる尺度が入り込む。旅の最終ゴールは当然あるが、プロセスの方がむしろ目的化してくるし、コースの設定においては、実に多くのパラメータが拾われる。もちろんどこを見るかという観光的視点もあるが、それ以上に交通量は過多ではないか、道幅は狭すぎないか、高低差や斜度は適切か、舗装路か砂利道か、冬ならば凍結の危険はないか、こんな情報が重ね合わされ、自転車という視点での新しい地図が描かれることになるのである。

このような自転車というツールを介して読み取る空間が、日常の空間把握とは異質の構造を持つことになるのは、必ずしも旅の計画に限らない。東京という都市をフィールドにしても、自転車という視点を導入するだけで、都市空間に対する解像度は一気に高まることになる。A地点からB地点に行くルートは、坂道が辛いという人にとっては、限りなく平坦に繋ぐ道の方が最短ルートよりも価値があるし、車道を快走したいと思えば、路肩の広い道の優先度が高まるだろう。もちろん裏道だけを辿る選択肢もあるし、その途中にあるカフェも、自転車が停めやすいか否かで選択基準も変わるから、A地点からB地点への道は、自転車がツールになった途端、幾通りもの異なる価値の体系として描けることになるのである。あるいは自転車のトレーニングをしたいと思う人にとっては、最長の坂道、信号のない最長区間、あるいは週末に極端に交通量の減る地域などは、突如として都市の特異点に見えてくる。さらにレースのコースを設定するとなると、路面の凹凸具合やコーナーの曲率、風向きなども、新しいパラメータとして導入しなくてはならない。あるいは東京でレースをすると想定することで、それまで意識の外にあった地域が鮮やかに浮上することもある。例えば西新宿の立体街路は、20世紀的な都市計画の最たる事例だが、自転車でレースをしようと思うと俄然魅力的な会場に見えてくる。そもそも西新宿は、甲州街道と青梅街道の狭間にあって交通量が少ないから、交通規制も難しくない。グリッド状の立体街路は周回レースに最適だし、観客席としても興奮する場になりそうだ。ついでに超高層の壁面を、ライブ中継のスクリーンとして活用できたら痛快だ。こうして都市空間は、新しいツールを媒介に発見する新しい使い方によって、潜在的な魅力を炙り出すことができるのだ。

自然を計る物差しとしてのツール

ところで自転車に限らずこうした自然相手のスポーツは、ツールがあることで自然の豊かな様相を身体化することができるという側面を持っている。自転車に乗れば、そのスピードだからこそ目に留まる風景があるし、車や徒歩では気付かなかった微かな起伏に敏感になることは、多くの人が体験済みだろう。さらにレースのようにスピードが上がり、機材も軽くなれば、風向や標高など、日頃意識すらしない自然(現象)までもが意識化されることになる。このようなツールと自然との関係性は、海を相手にしたスポーツにおいても同様だ。サーファーは、単に波があるか無いかだけではなく、その日の潮の流れや干満、風向き、さらには今低気圧がどこにあるのか、といったことも含めて読み取るし、体感する。さらには海に生身の身体で入るから、季節毎の水温やそこに生息する様々な生物の変化だってつぶさに感じ取る。もちろん海に漂流するゴミだって、防波堤ができて浜から流出する砂だって、海での遊びの延長上に体験しているから、海洋汚染などの環境問題は、単なる知識や精神論としてではなく、身体化された情報として蓄積される。

つまり自然や都市は、サーフボードにしろ、自転車にしろ、このようなツールがあるからこそ初めてリアルで豊かな情報に翻訳されるし、逆に言えば、まだ僕たちが知る事の無い自然や都市の新たな側面は、新たなツールの開発によって可能になるとも思う。自転車を開発するエンジニアも、サーフボードを削るシェイパーも、日々のデザインの研鑽は、まだ見ぬ自然や都市の新たな様相の発見への衝動に動かされている。

地域観光のツールとして

2014年の7月に開催した、石巻から牡鹿半島の先端までを自転車で走破するイベント「ポタリング牡鹿」は、ツールとしての自転車の可能性を、より広域的に展開したものである。東日本大震災からの復興は、ようやく公営住宅の整備が具体的な姿を伴って見えてきたフェーズに入っている。そのようなハードとしての整備はもちろんまだまだ続くが、同時にかつてのような生業と居住のバランスが完全に元の姿に戻るのが困難な状況を前に、将来的には観光という視点の導入も必要なのではないか、そんな思いで企画したイベントである。震災直後に訪れた牡鹿半島で、被災の状況に胸を痛めつつも、その美しい風景に魅了され、いつかここに多くの人が自転車で集まることができれば、そしてそれが将来的には「人の集まる仕組み」となって復興の一助になればと思い描いていたイベントが、ようやく実現したのである。

牡鹿半島を自転車というツールを通じて捉え直すことは、様々なパラメータを一つの物語として紡いでいくようなものだ。石巻から牡鹿半島の先端まで往復約80キロ、自転車で走るには程良い距離だ。平坦な土地はほとんどなく、アップダウンの繰り返しだが、自転車好きにとってはむしろ魅力的だ。途中の集落はまだまだ復興途上だが、それでもわずかながらに前向きな計画が姿を見せつつある。このような施設を訪ねたり、復興商店街で食事をしたり、そして何よりもこの美しい風景を自転車の速度で体感する、それは地域を知る最善の方法だ。もちろん多くの人がこの地に宿泊し、たくさんの時間を過ごしていくことでこの地のファンが増えれば、いずれは観光にも結びつく。その過程で必要になるインフラや建築があれば、その都度計画して建てていけばいい。そのほうが、建築の生まれ方としては遥かに健全だ。

自転車というツールを介することで見えてくる自然や地域、サーフボードを手にすることで気づく海とその先に広がる豊かな生態、新しい地図を描くことで顕在化する秩序やネットワーク、こうしたことは、都市や自然という実に混沌としつつも豊かな世界を再発見し、そこから新しい秩序や価値を導くことで見えて来る新しい世界観でもある。それはすぐさま建築をつくることに結びつくことではないが、しかし今日僕たちが直面している環境問題、あるいは震災を経ての都市や建築のあり方にとって、不可欠な視点なのだとも思う。常に新しいツールを発見しながら、都市や自然に対する解像度を高め、そこから得られる情報を身体化するという基本的な「技術」の研鑽が、今改めて必要なのではないかと思うのだ。新しい建築は、きっとその先に見えてくる。なぜなら建築こそが、このような都市や自然を「計る」最良のツールになり得るのだから。

モノで考える

僕たちの事務所では、スタディの過程でよく模型をひっくり返す。さまざまな条件を考慮して、1案つくって、そしてできあがった模型を、ああでもない、こうでもないと言いながら、敷地の上でひっくり返してみたりする。あるいはプランも、さんざん練って、トレーシング・ペーパーにていねいに描いてみて、そしてまたああでもない、こうでもないと言いながら、図面を裏返してみたり、90度回転させてみたり、とにかくいろいろやってみる。そして時に、ひっくり返してみたもののほうが良かったりするから、それをもとにまた案をつくってはスタディを重ねていく。たぶん誰でも一度は経験したことがあることだと思うが、僕はこんなプロセスがたまらなく好きだ。

一生懸命練り上げた案よりも、それを根拠なくひっくり返したもののほうが良いなどということは、一見すると非論理的な手続きだが、でも設計の本当の面白さはそこにあるように思う。

施主の要望だったり敷地条件だったり、あるいは漠然とした形のイメージだったりを、ひとつのかたちに結実させたものを、ひっくり返す。そうすると、スタディの過程では全く予想もしていなかった発見をいくつもすることがある。周辺環境の気づかなかった特質が見えてきたり、それまで考えもしなかった領域相互の関係が見えてきたり、想像もしなかった新しい活動の状態がイメージできたりする。

あるいはこんなこともある。漠然とこうあったらいいというイメージを持ちながら、それがなかなか具体化できないでいて、でも何かの拍子に描かれた線や模型の断片が、まさに求めていたイメージであったと合点がいくというようなことだ。僕は最近「距離感」のデザインに興味がある。モノとモノ、人と人、建築に介在するさまざまな事象が、近すぎず、遠すぎず、ほどよい距離を保てるような空間が、あらゆる建築において重要なひとつの指標になるのではないかと思っているのだが、その微妙な「距離感」などというものは、いくら言葉による説明を積み重ねても、あるいはそれを、明確なダイアグラムに置き換えても、決して正確に記述することなどできない。でもそれが実体的な線やヴォリュームを伴った図面や模型になった途端、全く疑問の余地もないほど鮮明に、その空間を体現してくれることになる。こんなプロセスも、やはり僕は大好きだ。

こうしたことは、リテラルに展開する思考と、そこから生み出される実体としてのモノとの間に埋めることのできない距離が常に介在しているということの証でもある。それがたとえ深い思考の結果として生み出されたものであっても、僕たちの手を離れた瞬間に人格ともいうべきものを獲得し、そのカタチを伴ったモノ自身が雄弁に語り始めるということだ。だから模型や図面を介してなされるスタディは、その思考から一旦切り離された対象として建築を捉え、そこにさまざまな発見を積み重ねていくプロセスでもある。つまり建築のスタディは、主体の一部だったものが客体化され、その客体をまた主体側に引き寄せてくる、そんな行ったり来たりの手続きなのだ。

だから僕たちはいつも、模型や図面を何度もつくり直して、とにかくたくさんのスタディを繰り返す。そこにはあらかじめ自分たちの向かう道筋が見えているわけではない。というよりも、そういう方向性を敢えて決めないようにして進めている。カタチを伴ったモノから新たに発見できることを大切にしたいと思っているからだ。そしてこうしたモノを通じてスタディができるからこそ、住宅はこうあるべきだとか、学校はこうあるべきだとかいった、とかく建築が陥りがちな慣習的な思考から逃れることもできるのだ。困ったら、とにかく図面や模型をひっくり返してみる、それがスタディの基本なのだと思っている。

住宅と都市

幸福な共犯関係に向けて

住宅と都市

そもそも「住宅」と「都市」を結びつけて語ることなんてできるのだろうか。この特集のテーマを投げかけられて、改めて考えた。もちろん多くの人が都市に住んでいるのだから、住宅と都市は、どこかでつながる回路をもっている。でも都市は、住宅に比べてあまりに大きい。それに僕たちが住んでいる日本の都市の多くは、たとえばパリのような街に比べると、その構造がわかりにくい。パリは、あの放射状の道路網とそこから生み出される街区を基盤にしつつ、さらに街区を埋めつくす集合住宅、そこを刳り貫くようにしてある中庭と、きわめて明快な構造をもっている。だから都市と住宅(といっても集合住宅におけるユニットになるが)との関係は、その階層構造の中に、容易に位置づけていくことができる。

でも、日本の都市については、そう簡単にはいかない。特に東京のような街を見てみれば、都心部であっても、木造2階建ての戸建て住宅の脇に超高層のオフィスビルや集合住宅が建っていたりするし、またいわゆる住宅地を見てみても、集合住宅と戸建て住宅が混在したような状態は、そこら中にある。10戸程度の木賃アパートがあるかと思えば、軽く100戸を超える集合住宅もある。このような状態は、単に建築の規模や形態といったレベルを超えて、そこに生活する人の活動の状態やコミュニティなど、さまざまなレベルでの混在状態を生み出している。

このような都市にあって、住宅と都市をつなぎ止める回路、あるいは、住宅と都市の幸せな関係を見つけることはできるのだろうか。

1980年代は、このような都市の状況が「カオスの美学」としてもてはやされた。それはこのような都市ですら、何らかの美学があるのだという肯定的な捉え方でもあったのだが、一方でバブル経済が後押ししていたこともあって、この「美学」は、ひとつひとつの建築をきわめて自律的につくっていくことをよしとする土壌をつくることにもなった。

確かにカオスだと思ったし、それが新しい美学を形成しつつあるのだとも思った。でもその一方で、カオスといって、印象論的に片づけてしまってはいけないのではないかとも思った。カオスにも原理があるのではないかと。パリのような、ある瞬間の時間が保存凍結されてしまったような街は、確かに美しいし羨ましい。でもどこかでこのような都市は、ある時期にイチかゼロかの選択を迫られるのではないか。それに対し、これほど新陳代謝の活発な街は、むしろ長い時間にわたって存続していくだけのしなやかな強さを備えているのではないかとも思った。ならばそのような都市のあり方を、単に何でもありといった乱暴な論理に置き換えてしまうのではなく、積極的に評価していくための指標を見つけていく必要があるのではないかと思ったのだ。

カオス論から導かれたひとつの理想的な住宅のあり方は、「都市が内包された住宅」であった。それは結局のところ、住宅を都市とは切り離された、きわめて閉じた存在にすることだったのだ。でも、このような都市だからこそ、ひとつひとつの小さな住宅が、都市と直結する回路を見つけていく原理を探さなくてはいけないのではないか。住宅は、きわめてプライベートな存在だからこそ、このような都市においてそれがどう成立するのか、つまりどう開いていくことができるのか、を考えていくことに価値があるのではないかと思ったのだ。それは住宅の問題でもあるが、都市の問題そのものでもあるからだ。

発見するコンテクスト

では、カオスとして片づけてしまうのでない都市の構造を見い出すことはできるのだろうか。僕たちがこれまで継続的に行ってきた「TOKYO 100 MAPS」というプロジェクトは、そんな動機からはじまっている。東京の１００枚の新しい地図をつくってみようというものだ。わかりにくい都市だからこそ、これまでに見たこともないような地図が描けるのではないか、その地図を描くことによって、これまでに想像してみたこともないような、あるいは気づかなかった都市の構造を見つけることができるのではないか、そんな試みである。つまり、パリと同じ土俵でどう戦うかを考えるのではなく、パリとはそもそも違う土俵を見つけてしまおうというものだ。

たとえば渋谷の街で、起伏に富んだ地形と建築の高さを一緒に描いてしまう地図をつくってみることで、渋谷に存在するいくつもの小さな領域（例えば小さなＣＤショップが集まるところとか、円山町のようなラブホテル街とか）の存在が、この地形と建築の高さのかけ算によって生み出された密度というコンテクストに支えられているということを発見したりする。あるいは銀座の街路を、建築の通り抜けと一緒に描いてみる。すると、いわゆる都市計画的な道路だけではなく、ビルの足下の、いわば建築的に作られた新しい道路によって、より多様な規模や経路をもった街区が形成されていることを発見し、そのことが銀座の中の小さな場所性を形成していることを発見する、そんな具合だ。

つまり東京は、カオスなんかではなく、いくつもの潜在的コンテクストの重ね合わせの上に成り立っている。しかもそこに発見されるコンテクストは、常に建築の存在によって顕在化されたり強化されたりするような類いのもので、けっして所与のものではない。この、建築（住宅でもいいが）と都市の幸せな共犯関係こそが、このような都市のもつ可能性なのではないか。

矛盾する個人の欲望

でもこのような関係は、日常の設計の場面において、すでに当たり前のように共有されている。というのも、住宅を建てようという施主は皆、莫大なエネルギーを注いで、どこに住むべきかを考えている。もちろんどんな地域に住むか、住宅地か商業地か、下町か山の手か、そんなことから始まって、その敷地が南向きであるとか北向きであるとか、前面道路の幅員はどのくらいなのかとか、あるいは敷地は傾斜しているのか平坦か、隣に建つ建物がどんな建物で、敷地から一体何が見えるのか、といった実に詳細な分析を行っている。さらには、こっちの風景は大事にしたいがこっちは見たくないといった周辺環境とのかかわりについても、それぞれが独自の視点で考えている。もちろんこうした態度は、自らのプライベートな生活を守りつつも、その街を貪欲に自分のものにしていこうといった個人の欲望の表れでもあるのだが、自らが発見するコンテクストと建築との関係性の中で、自分たちの環境を構築していこうとするスタンスは、きわめて都市的なものであるし、そしてそれは過剰な防備でもなければ過剰な露出でもない、とても健全なことのようにも思われる。

施主の欲望の趣くままに住宅をつくることが必ずしもよい結果を生むわけではないが、このような都市への構え、つまり自らのプライベートな居場所を守りつつ、その場所に住んでいるという実感を獲得するという相矛盾した欲望を両立するような住宅は、実は僕にとっての理想的な住宅のあり方に近いのではないかと思っている。

閉じられているようで開かれている、街と遠いようで近い、そんな相矛盾する質をもった空間は、都市にあるからこそ快適だと感じられる空間の質なのではないか。さらにいえば、住宅は、機能とか仕様とかではなく、その空間の質さえ獲得できれば、それで十分なのではないかと思う。

距離のデザイン

このような理想的な住宅をつくるには、何をすればいいのか。僕は、それは距離のデザインに尽きるのではないかと思っている。その距離は、家の外と内、隣の家と自分の家、道路と部屋、部屋と部屋、ランドマークと自分の居場所といったかたちで、建築や都市のあらゆる関係性に介在するものだ。そしてその距離の質には、物理的な距離もあれば心理的な距離もある。視覚的な距離もあれば経験的な距離もある。こうした質的な距離と物理的な距離との複合のあり方によって、空間のあらゆる場所は関係づけられる。

通りを歩く人を見ながら、自分は隠れていたり、視覚的には強く結びつけられていながら、なかなか辿り着けない場所があったり、動き回ることで開放的になったり閉鎖的になったりする空間、このような距離を、その置かれるコンテクストに応じてデザインする。そうすれば、住宅は、言わば都市のただ中にありながら、自らの居場所と都市との距離を自由に選択することのできる、きわめて自由な場所になるだろう。そのような住宅と都市の関係は、幸せな関係だと思うのだ。

このような住宅のあり方は、機能とかライフスタイルから組み立てられるものではない。むしろ都市空間の中に少しだけ手を加えてつくった微地形のような空間を、たまたま住宅として使っているといったイメージのほうが近い。だからこの理屈は、必ずしも住宅に限った話ではない。むしろ東京の街に代表されるような日本の都市空間において、建築が相互に緊密な関係を築きながら結果的に大きな都市全体をつくってしまうような、新たな空間モデルにもなるのではないか、そのくらい大げさに考えている。

居住環境のための建築の形式はどう計画されるべきか

居住環境（生活環境といぅと、すべての建築が含まれることになるので、ここではあえて居住環境に限って議論しようと思う）のための器としての建築は、僕たちの想像をはるかに超えて多様化している。でもここで言う多様化とは、単に建築のバリエーションが増えたといった意味ではなく、むしろ居住環境に対して建築は何ができるのかという、建築のあり方の根幹を揺るがすほどに多様な居住形態が、器としての建築を無効化している状況が進行している、といった意味に近い。例えばオフィスビルのコンバージョンがそうだ。もともとオフィスであった建築が、リノベーションによって居住環境に改変される。それは、どんな建築であっても、少し手を加えるだけで居住環境になりうるという現実を図らずも明らかにすることになった。これは居住者の、環境への適応能力が飛躍的に高まったことを意味しているのではなく、むしろ居住環境を保証する建築の形式（ビルディングタイプといってもいい）が、そもそも極めて曖昧なものであったことを再認識させることでもあったのだ。計画論的に言えば、住宅や集合住宅といった居住環境の設計において、ビルディングタイプという思想を支えていた近代合理主義的な思考（つまり建築を機能に置き換えて細分化し、機能に応じて部屋を与えて再構築するという思考）がそもそも成立しないという事実を私たちに突き付けているようでもある。

最近設計にかかわった計画が、こうした状況を端的に示しているので、二つほど紹介したい。ひとつは賃貸の集合住宅である。良好な住宅地での、六つのユニットを持つ集合住宅である。設計前の企画の段階で、その地域の特性や居住者像、あるいは価格帯などがある程度想定され、それを与件として設計が始まったのだが、出来上がったその集合住宅の使われ方は、こうした想定を裏切る結果となっている。ユニットのうちの二つは、近くに自宅を持つ人が自らの書斎、あるいは都市における別荘として借りているし、もうひとつのユニットは、オーナーの仕事場、それも半ばギャラリーのような場所として使われている。当初想定していたような比較的若い夫婦などは、たったひと組に過ぎない。

もうひとつの計画は、目の前に海が広がる場所での共同所有の別荘である。何人かの有志が共同出資して実現したものだ。いずれの出資者も東京に家を持っているが、週末になれば三々五々集まってきて、海を目の前にゆったりとした時間を過ごしている。一緒に食事をすることもあれば、それぞれが思い思いに音楽を聴いたり、海で遊んだりすることもある。なかには平日に仕事を持ってやってきて、自らのサテライトオフィスのようにして利用している人もいる。一応は別荘と呼んでいるが、各人にとってはここも自宅の延長のようだし、皆がいつでも気軽に使える海の家のようでもある。

この二つの計画から明らかなのは、居住空間の形式が、もはやひとつの建築内だけの議論によって一義的に決められるものではないということだ。一個人の空間としても、あるいは家族の空間としても、それが必ずしも一建築や集合住宅の一ユニットに対応しているわけではなくなっている。食事を典型として、居住環境におけるさまざまな行為が外在化していることは、もはや驚くことではないが、今やそれ以上に居住空間は、都市空間のなかにさまざまにかたちを変えて浸透していっている。建築は、居住のあらゆる局面を包含するものとしてではなく、ネットワーク化しながら展開している生活を受容する一拠点と化しているのだ。

さらに興味深いのは、ハードとしての建築の空間と、その使われ方とが必ずしも一対一対応をしなくなっているということだ。ひとまず集合住宅として計画した建築が、居住空間の一端を、あるいはまったく別の用途を許容している。このことは、建築の使われ方を、あるいは近代合理主義的に言えば機能を、さらに最近の言葉で言えば、マーケティングを、いくら精緻に検証しようが、このことだけが建築を規定するうえでの根拠にならないということを明らかにしている。考えてみれば、建築とは本来、こうした冗長性を持ち合わせているものであったはずだ。そのことが、この居住環境の多様化という波の中で浮かび上がってきている。

では、居住環境の器としての建築を考えていくうえで、そもそも計画すること自体が無効化しているのだろうか。建築はどんなものであろうとも、居住者が自在に住みこなしていくと、開き直ってしまっていいのだろうか。僕自身は、むしろ計画するうえでの指標が再構築されることが、今必要なのではないかと感じている。

実は先の二つの事例において、僕自身は、いわゆる居住環境を、抽象的な機能に置き換えて再構築していくといった、ビルディングタイプが基盤としている思考に則った発想はしていない。例えば集合住宅の場合には、居住環境を保証するうえで最低限必要なもの、つまり台所や浴室、トイレなどをいわば生活のインフラと捉え、その配置を周辺環境との関係のなかで行っている。その結果、出来上がった建築は、建物の外周部に沿ってインフラが配置されるという、集合住宅としては特異な形式に収束している。そこではこうしたインフラは、生活を自在に組み立てて行くための、ひとつのきっかけとして位置付けられている。

一方、共同所有の別荘においては、そこに集まることになる人の集合のあり方、あるいはプライバシーの度合いといった関係性を、個々の領域の間に介在する距離の問題に置き換えて計画している。最低限のプライバシーを保証する個室群を立体的に互い違いに配置して、その結果生み出された余白の空間を皆の共有スペースに位置付けるという具合だ。この領域相互の距離を保証するような空間の形式によって、そこで時間を過ごす人々は、思い思いに自分の居場所を見つけられるような自由と、緩やかなコミュニティに所属している安心感の両方を同時に獲得できるのではないかと考えたのだ。最終的な平面の形式は、ビルディングタイプ的な視点で見ると、不思議なものとなっている。九つの部屋と二つの大きな共有スペース、それに浴室やキッチンなどが配置されているという点では、９ＬＤＫの巨大な住宅と見ることもできるし、一方で、個室の数が住宅としてはかなり多いことからすると、それは比較的小振りな研修所や寮として見ることもできる。そもそも居住空間の延長にありながら、この建築の形式は、すでに住宅であるとか別荘であるとか、あるいは研修所であるとかいった捉え方にはあてはまらないものになってしまっている。

あらためて振り返ると、この二つの計画において僕が拠り所としていたのは、大きく二つに集約されるように思う。ひとつには、インフラの配置という方法にも象徴されるように、建築を抽象化された機能の受け皿としてではなく、むしろより土地や地形に近いものとして設計するということだ。自然地形のように、使い方を発見し、開発していくことのできる対象として建築を捉えることだ。コンバージョンによってさまざまな建築が居住空間化されていっていることの潜在的な原動力は、社会ストックということ以上に、もとの空間に、いわゆる慣習的な意味での居住環境が刷り込まれていないこと、つまり新たな使い方を発見していかなくてはならないという不自由さにあるのだと思う。その意味では、地形としての建築と同じ地平にある。

もうひとつは、身体を尺度にした関係性である。身体相互の関係性を、空間を規定していくうえでの物差しにするということだ。空間を機能に置き換えて、その性能を精査するのではなく、その空間によって生み出される物理的な身体間距離、視覚的距離、あるいは経路的距離、音響的距離など、さまざまな身体的関係性を、再構築していくことだ。居住形態がこれほど多様化し、そのための建築が拠り所を失っているなかで、あらためて最も信頼しうる指標として浮かび上がってきたのが、実はこうした身体的側面なのではないか。

人間の身体を尺度に地形のような建築をつくる。このようなスタンスは、実は居住環境に限った話ではなく、近代合理主義的建築、ビルディングタイプ的思考に縛られた建築を脱する新たな方法にもなるのではないかと思っている。

小さな家

モダニズム以降の個室のあり方

住宅において個室は、計画上の主題でありながらも、空間的な主題にはなりえない。これは、モダニズム以降の住宅が抱えてきたジレンマだったのではないか。リビングやダイニングが常に空間的な実験の主戦場であったのに対し、個室はその影に隠れて表舞台に出てくることはなかったし、そもそもモダニズムが掲げた空間の流動性は、個室の解体によってもたらされたとも言える。日本においても、個人主義の浸透とともに広まった個室は、nLDKが揶揄されてきたことにも象徴されるように、家族関係の希薄化と対で批判されてきたのである。この流れの中で数多くつくられたワンルームのような住宅は、家族の繋がりや住宅の可変性を標榜しつつも、実は個室の扱いにくさの裏返しであったし、個室群住居や家族論においては、リビングやダイニングとの関係性の中での個室のあり方に目が向けられたが、個室はあくまでもただの部屋に過ぎなかった。言い方は悪いが、個室をいかに扱うか、それは住宅の計画においては常に伏線としてあり続けたのだが、リビングやダイニングにおいて思う存分実験を行うには個室は厄介者で、できればない方がよい、それが多くの住宅の「本音」だったのではないかと思うのである。

しかしながら、今日において個室の要不要の議論は、あまり意味をなさない。それは携帯電話がなくても用は足る、といった類いの議論と似ていて、現実に進行している社会的な事象に目をつむるだけの態度にしかならないからだ。夫婦の寝室は当然必要だし、子供が生まれれば、どこかの時点で個室が必要になるのは、ごく自然なことだ。夫婦別々に個室が必要になる状況も、今では珍しくない。つまり個室を解体するか否かを主題にするのではなく、むしろ個室を大前提にした上で住宅に何が可能か、その問いを立てることの方が、より現実的で前向きだと思うのだ。個室を住宅の他の領域と等価に扱いながら、個室そのものの空間の質や、個室という部分が住宅全体と築く関係性に向けた提案こそ、現実の社会に対して遡及力があると思う。

この「片瀬山の家」の設計においても個室は主要なテーマとなった。もちろん夫婦の寝室は不可欠であったし、小学校と幼稚園に通う子供たちは、近い将来自分の部屋をもちたいと思うに違いない。子供たちにとって、個室は夢に満ちた場所でもある。そして何よりも、微笑ましいほどに仲のよい家族だからこそ、個室を前提とした上で家族同士がお互いの気配を感じられるような住まいにできないか。個室そのものの独立性を保持しながらも、各自が孤立することのないような住宅はできないか。個室があることで家全体の空間の質が豊かになるような家はできないか、そう考えたのである。

個室から住宅を考える

敷地は遠く鎌倉の海を望むことのできる崖の上にある。崖下には住宅地が広がり、また道路側にはこの地域独特のモノレールが走る。敷地頂部では、崖に生える植物に囲まれた親密さも併せもち、どこを見渡してもこの土地らしい風景が連なっている。ご主人は海のスポーツが趣味だから、週末には家族揃って海に出かけることも度々である。友人を呼んでバーベキューを行うこともあれば、子供たちと庭いじりをしたいという希望もある。このような土地、このような家族だからこそ、1階を土間のような、庭とひと続きになった場所にすることは、ごく自然に導かれることとなった。誰でも自由に使うことのできるコモンスペースである。2階は、コンクリート造の1階にちょうど大きな木造の屋根を架けるようにして、家族全員の個室と浴室を、吹抜けと交互に配置している。各個室はまるでひとつの小さな家のようにして窓をもち、開ければ隣の部屋や1階のリビングと繋がったり、またすべて開け放てば、この地域特有の風景が家の中に雪崩れ込んでくるようになっている。つまりこの2階の個室群は、家のどこにいても、常にお互いの気配を感じたり、声をかけあったり、あるいは家族の声を聞きながらもひとりの時間をもったりと、家での豊かな時間の過ごし方を可能にする場であるが、同時にリビングにとっての起伏に富んだ屋根でもあり、1階のリビングに多彩な空の風景や木漏れ日のような光を届けるハイサイドライトの役目も果たしているのである。

こうして個室が家族ひとりひとりの居場所として、まるでひとつの小さな家のようにして連なりながらも、それらが孤立することなく家全体と繋がり、さらには家全体の空間の質を決定する、これは個室を否定するのでもなく、かといって個室をないものとして扱うのでもない。むしろ個室を出発点として生み出された住宅の新しい姿なのである。それは、家族といえども個人の集合体であるという極めて今日的な社会的事象を引き受けた上での家族の繋がりや関係性の再構築に向けての試みでもあるのである。

かつてジョン・サマーソンは、「小さな家」をつくることが人間の原始的かつ普遍的な空間嗜好であり、夢でもある、といった趣旨の指摘をしていたが、個室から住宅を考えることは、もしかしたら最も原始的で普遍的な住宅のあり方を取り戻すことのできる確かな道筋なのかもしれない。

Ⅲ

集合住宅にできること

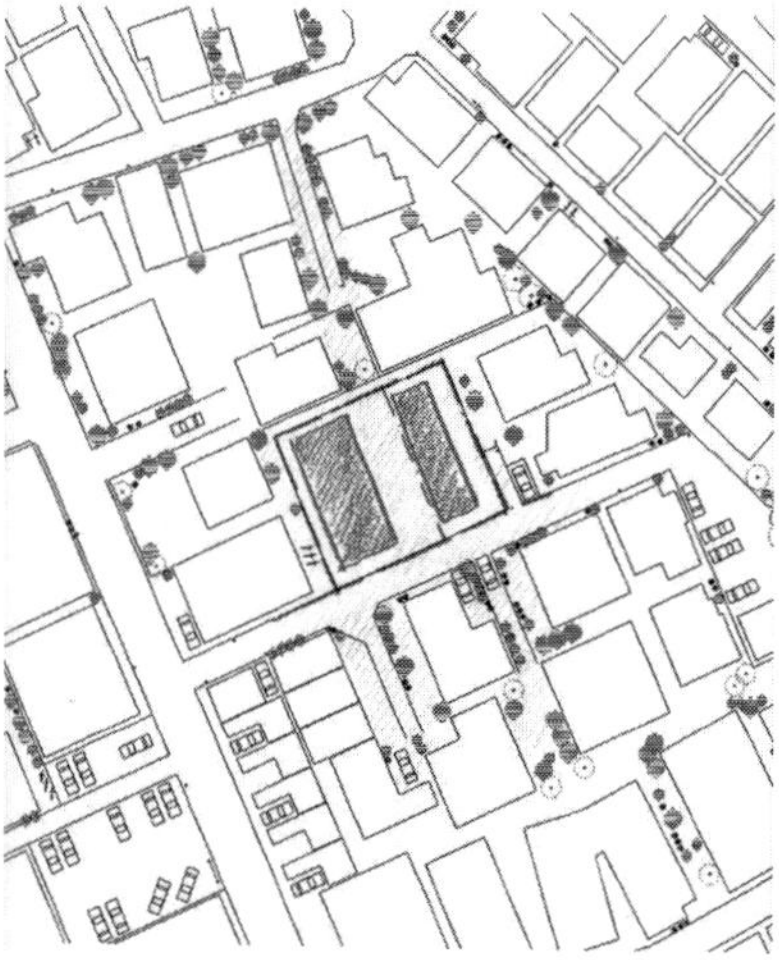

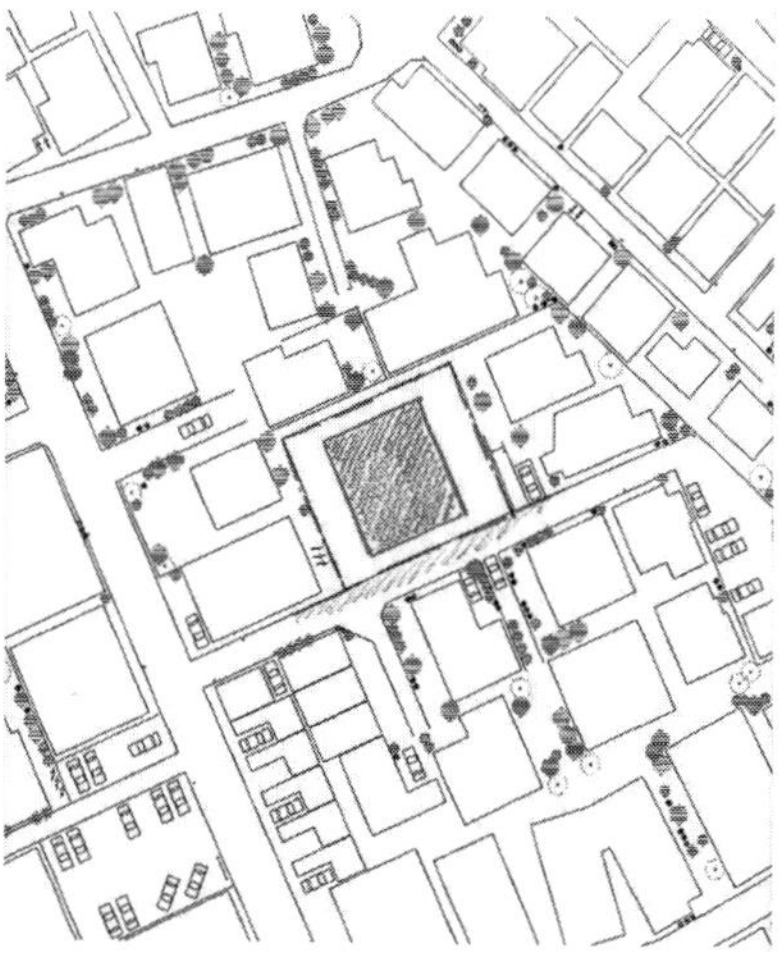

「split」の建つ地域においては、袋小路が特徴的だ。その都市の様相を踏襲し、敷地をあえて2つに分筆し、空地の連続性をつくろうと試みた。

（split（2002年））

集合住宅は、なんとも不思議なビルディングタイプである。

集合住宅は、基本的には居住空間であるから、その構成単位となっているのは、概ね30㎡くらいのものから、大きくてもせいぜい100㎡程度の住戸である。それほど大きな空間ではない。しかし、それらの住戸単位がどのくらい集合するのか、つまり集合住宅全体の規模という点では、3戸くらいの小さな集合住宅から、1000を越える超高層までもが次々と生み出されている。実に振れ幅が大きいのである。大きな集合住宅も小さな集合住宅も、それを構成する空間単位には大きな差異がないにもかかわらず、一つの建築としては、巨大なものもあれば、住宅スケールのものもあるのである。このようなビルディングタイプは、他にはあまり例がないのではないか。例えば美術館であれば、もちろん大きな美術館もあれば小さな美術館もあるが、展示室も、作品に応じて実にさまざまな規模の空間がある。逆に学校などは、空間単位としては、教室などの似たような規模のものの集合体であるが、全体の規模についての振れ幅も、集合住宅ほど大きなものではない。

このように、一方で単身者や家族のための小さな単位空間という共通項をもちながら、その全体規模という点で大きなばらつきがあるという状況は、計画地における居住者像のマーケティングによって導かれる住戸の規模やタイプと、一方で敷地の規模と容積から自動的に建築の規模を決めるという事業原理が、相互に連携することなく併置された結果でもある。だから大きな敷地や容積率の高い地域には巨大な建築が、小さな敷地や容積率の低い地域には小さな集合住宅が建ち、駅に近ければ単身者向けの小さな住戸、駅から遠ければ、家族向けの比較的大きな住戸といった、地域とは無関係な分布状態が生まれるのである。しかも、住戸を反復させて廊下でつなぐ、という実にシンプルな手法によって、集合住宅の規模はいくらでも増幅可能であるから、このような不思議な事態は、いとも容易に助長されてしまうのである。

このような事態は決して望ましいことではない。マーケティングと事業性というたった二つのパラメータによってできる集合住宅は、そのうち世界を均質化して行くに違いない。しかし、逆ないい方をすれば、住戸規模と全体規模、これらをいかにコントロールするのか、といった点では、まだまだ多くの自由度が残されているということでもある。とりわけ住戸がどのような集まり方をするのか、という点では、かなりの判断が設計者に委ねられているのである。

建築が炙り出す街の秩序

このようなことに気づいたのは、初めての集合住宅の計画である「split」を設計したときである。この計画は、もともとあった敷地をあえて2分割し、それぞれにオーナー住宅と賃貸の集合住宅を計画したものである。全体としては一つの計画でありながら、あえて2敷地2申請にし、間の空地をアプローチ空間と窓先空地に位置づけて計画を試みたのである。このような計画に至った理由は、プログラム上の分節、つまり住宅と集合住宅を分けることに重きを置いていたからというよりは、むしろこの敷地において、建物が小さく二つに分割されていた方がよいと判断したからである。

このような配置計画を「周辺の街並のスケールに合わせた」と説明することもできるかもしれないが、実際の設計におけるさまざまな判断は、それほど単純なものでもなく、またあらかじめ達成するべき価値（つまりここでは、周辺の住宅のスケールが踏襲するべきスケールであるとすること）を前提としていたわけでもない。むしろ、さまざまなボリュームスタディを繰り返す中で、たまたま二つに分けたボリュームを置いたときに初めて、この地域がどんな空間の質をもっていたのかということに気づいた、と言った方が正しい。前面道路に面して二つのボリュームを置いてみると、計画している建物越しに奥の住宅地が見えてくる。あるいはまた、この辺り一帯には、道路とも庭ともつかないような袋小路状の空間があちらこちらにあって、そこに面して各住宅の玄関が設けられていたのだということに、改めて気づかされたのである。

それは、普段何気なく歩きまわって感じていたその街の心地よさや親密さが、誰かの家の庭越しにまた向こうの風景が見えたり、さらにその先に誰かの家が見えたりといった重層する風景にあったのだという、その街の秘密を知ってしまった感覚にも近い。そして、この潜んでいた構造や秩序に一度気がついてしまうと、それまでのありふれた街の風景は、突如として魅力的な風景として炙り出されてくるのである。それは、この建築によって街自体が変わってしまったのではなく、むしろ一つの建築を通じて、街を観察する新しい視点が獲得されたということなのだと思う。

集合住宅という、いわば全体のボリュームが操作可能であるという特殊性があったからこそ、そして素っ気ないマス模型をただ置いたかのような配置計画、つまり抽象化されたボリュームだったからこそ、この地域独特の空地が連鎖していく様相が、より強く浮かび上がって見えたのだとも思う。

東京のように、一見すると秩序も構造もないかのように見える街において、そこに共通の規範となるような原則があると思い込むことは、現実の荒っぽい否定にもつながりかねない。むしろ建築を置いてみる、その行為によって、これまで明確に意識することのなかった特質や、あるいは漠然と感じ取っていながらも鮮明には描ききれていなかった秩序を見つけることを、プロジェクトごとに繰り返していく、そこにこそ設計することの価値はあるように思うのである。

集まって住むことについて

ところで、ここまで集合住宅を、単に空間のスケールや建築の規模という、ある意味即物的な面にだけ着目して書いてきたが、当然のことながらその背景には、人が集まって住むという側面がパラレルに想起されている。そのことについてはどう考えたらよいのか。

この「集まって住む」ことについては、これまでにも、たくさんの議論がなされてきた。その議論の多くは、コミュニティを育むために集合住宅に何ができるか、という、なかば強迫観念にも近い仮説を前提として繰り広げられていたように思う。そもそも関係のない人たちが、たまたま一つの建築に集まって生活を送る集合住宅にとって、このような仮説は本当に正しいのだろうか。

例えば、ごくありふれた住宅地を思い起こしてみてもよい。多くの人は、たまたま手に入れた土地(といっても、どの沿線がよいとか、駅からどのくらいの距離といった条件から見つけた土地)に住んだりしている。昔からそこに住んでいる人だって、やはり何かさまざまな理由があって、たまたまそこに住んでいるのだと思う。こうした街は、たまたま集まった人同士が、町内会を形成したり、道で声をかけたり、庭越しに挨拶を交わしたりしながら、コミュニティを形成したり、ときにはどう頑張っても仲良くなれないことも抱えながら、生きながらえているのである。

それがごく自然なことであるし、よい住宅地とは、それを許容する自由が空間によって保証されていることなのだと思う。そしてこのことは、集合住宅においても同じなのではないか。一緒に住むからコミュニティ形成を図らなくてはならないといった強迫観念こそが、むしろ不自然なのであって、ごく普通の住宅地のように、仲良くなる人もいれば挨拶だけを交わす人もいる、そんな状態をごく自然に促すような空間ができればよいのである。なかば強制的な集合のための空間を用意するのでもなく、かといって、お互いがまったく関係しないかのような図式に陥るのでもない空間ができれば、それでよいのだと思う。

しかし、実は住宅地と集合住宅とは本質的に異なったものである。それは都市が開放系の空間であり、建築は基本的に閉鎖系の空間だからである。どこまでも道づたいに歩いて行ける都市と違って、建築は領域が明確に規定されている。四方八方に開放されていて、隣地との距離が適宜調整可能な住宅地と違って、集合住宅は、住戸の隣接関係に調整しろがない。このような前提を受け入れたうえで集合住宅を、限りなく開放系に近づけていくこと、それはいかに実現できるのか。

開放系へ

「split」においては、各住戸を袋小路に面して配置し、可能な限り周辺住宅地と似たような街とのかかわり方を踏襲した。オーナー住宅も集合住宅も、分け隔てなく接地性を高め、なるべくこの袋小路状の空間と隣地側の空間を同時に感じられるような住戸プランとし、戸建住宅に近似した体験を可能にするような空間としたのである。

そして「platform」は、それをかなり大規模な集合住宅で展開したものである。全体で70戸ほどの規模の住戸群を、ほぼ街区一つ分の敷地において計画したものだから、まさに開放系の都市を閉鎖系建築によって実現したものだといってもいい。

敷地外周部には、奥行きわずか3・6mの「皮」のような開放的な居住空間が、そして内側には、天井の高い空間と中庭が市松状に交互に配置され、「あんこ」の部分を構成している。廊下はロの字形に巡り、「皮」と「あんこ」の接点がすべて水まわりとなっている。各住戸は、30㎡くらいのものから80㎡くらいのものまでさまざまなタイプがあり、それらは相互に立体パズルのようにして絡み合い、お互いがお互いを規定し合うような密接な関係を築いている。70世帯のタイプを恣意的に仮想するのでもなく、かといって何か一つのタイプを盲目的に反復するのでもない、むしろさまざまなタイプの住戸が相互に連鎖反応的に決まっていくような、お互いに調整し合いながら成り立つ都市のような、緩やかな秩序を見つけようとしたのである。

各住戸の内部空間は四方八方に広がりを見せ、どの住戸もさまざまな「面」で外部と接している。それぞれの住戸の領域がどこまで広がっているのかが曖昧になるような匿名性と独立性を保ちながら、それでいて常にほかの住戸の気配が感じられるような両義的な空間となっている。「皮」の部分からは、街区の外の風景が広がり、「あんこ」の部分では、中庭越しに廊下が見え、その先に誰かの住戸のテラスや、さらにその先にまた外の風景が見える。その住戸同士の関係は、まさに住宅地において体感される住人同士の関係にも近い。極めて明確な構造をもちながら、住戸同士の関係性という点では、あたかも住宅地のような曖昧さが入り込んでいる、それは、閉鎖系の建築を開放系の空間として成立させる試みでもあるのである。

集合住宅の計画に王道はない。その都度その都度、街に潜む秩序や新しい魅力を、見つけながら、そして自然発生的に生み出された都市のもつ自由さを目指しながら、それがテーマパーク的疑似都市に陥ることなく建築化される。そのためにはいかなる形式を備えるのがよいのか、その困難な問いを立て続けるしかないと思うのである。

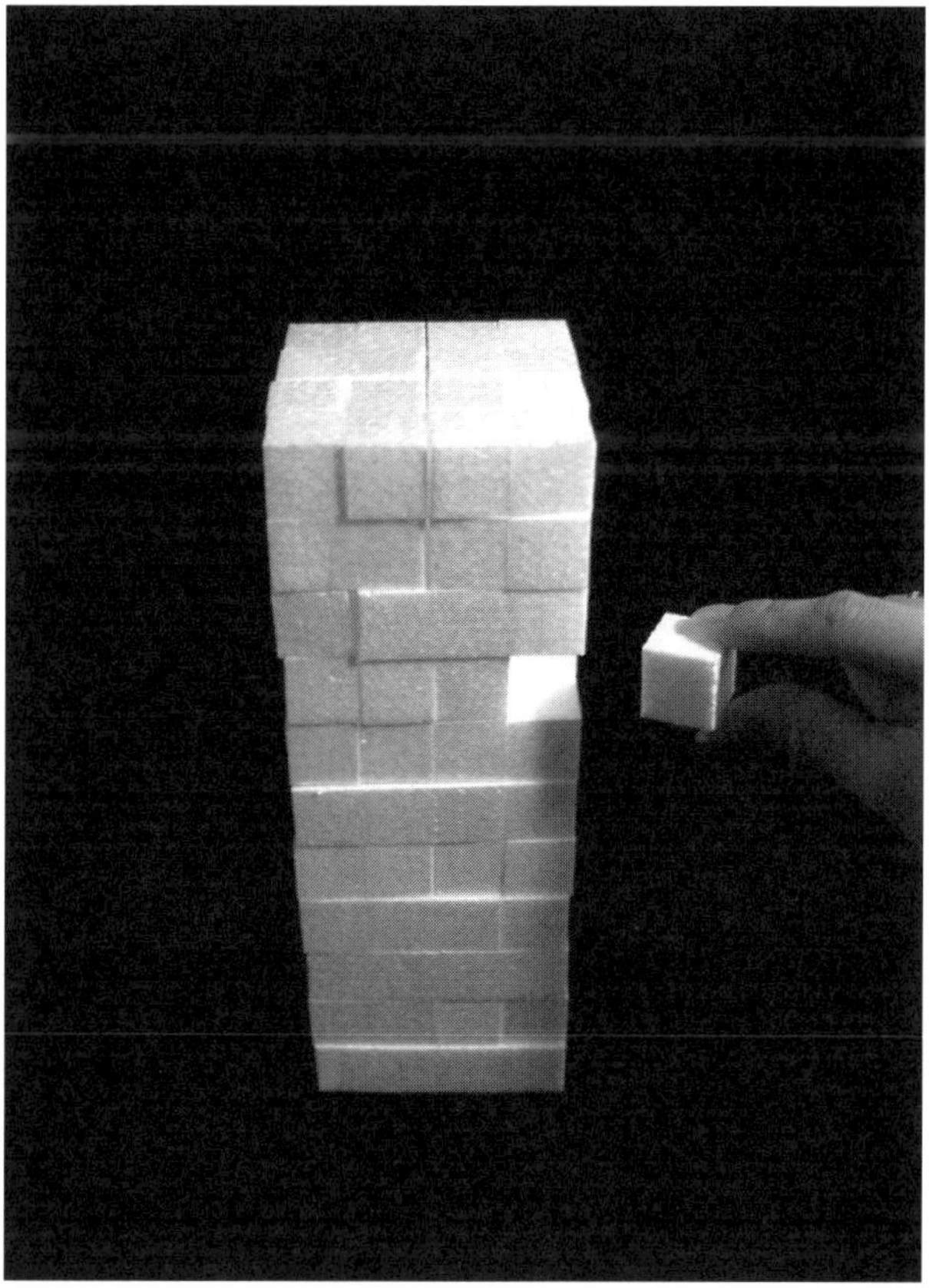

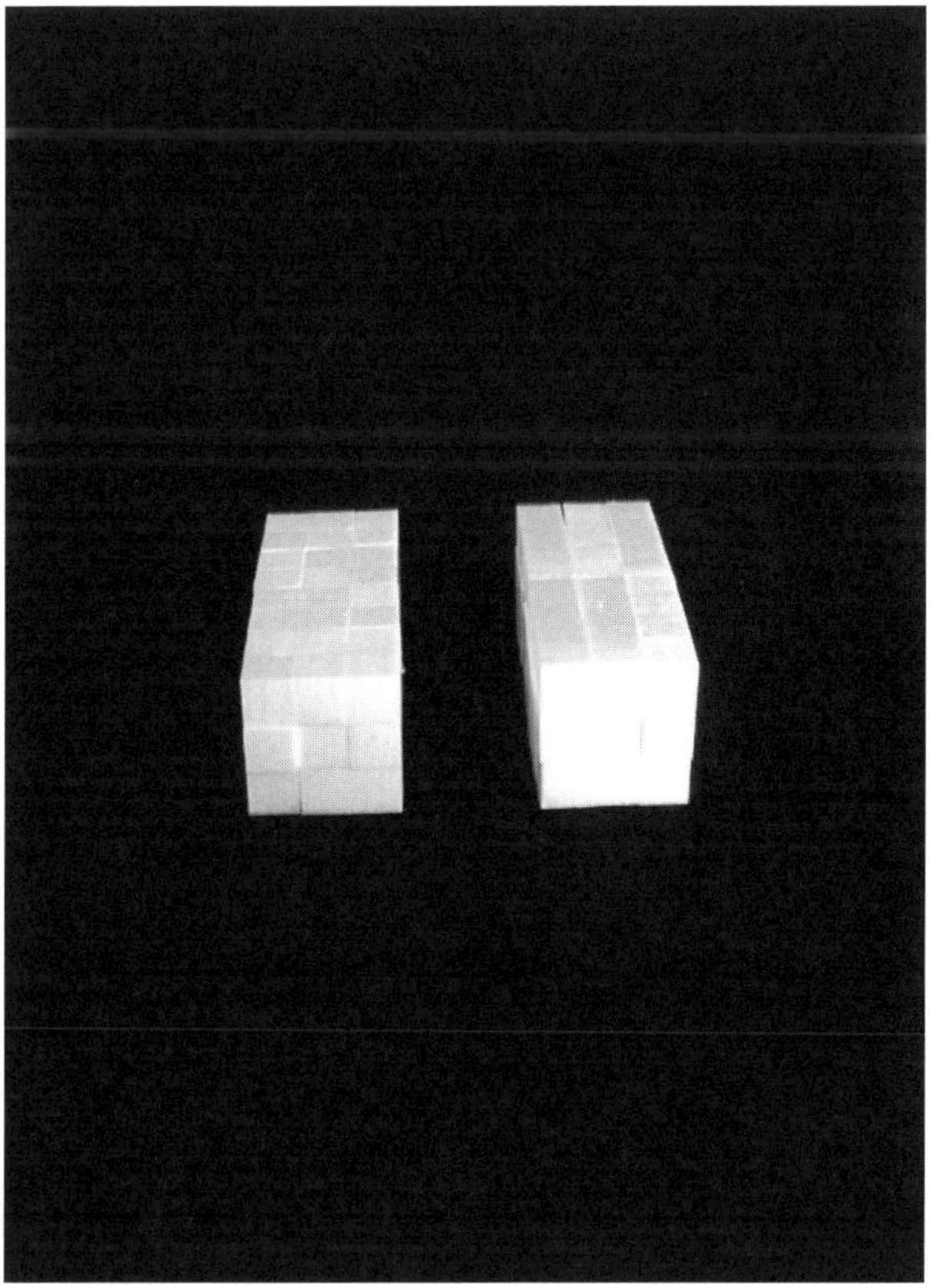

集合住宅は、小さな住戸の集合体としてつくられるが、その全体のボリュームをどのように分節するかは、多くの場合、建築家の手に委ねられている。一つの高層タワーとするか、小さな粒子とするか、あるいは2つに分けるか。

厚みのある窓

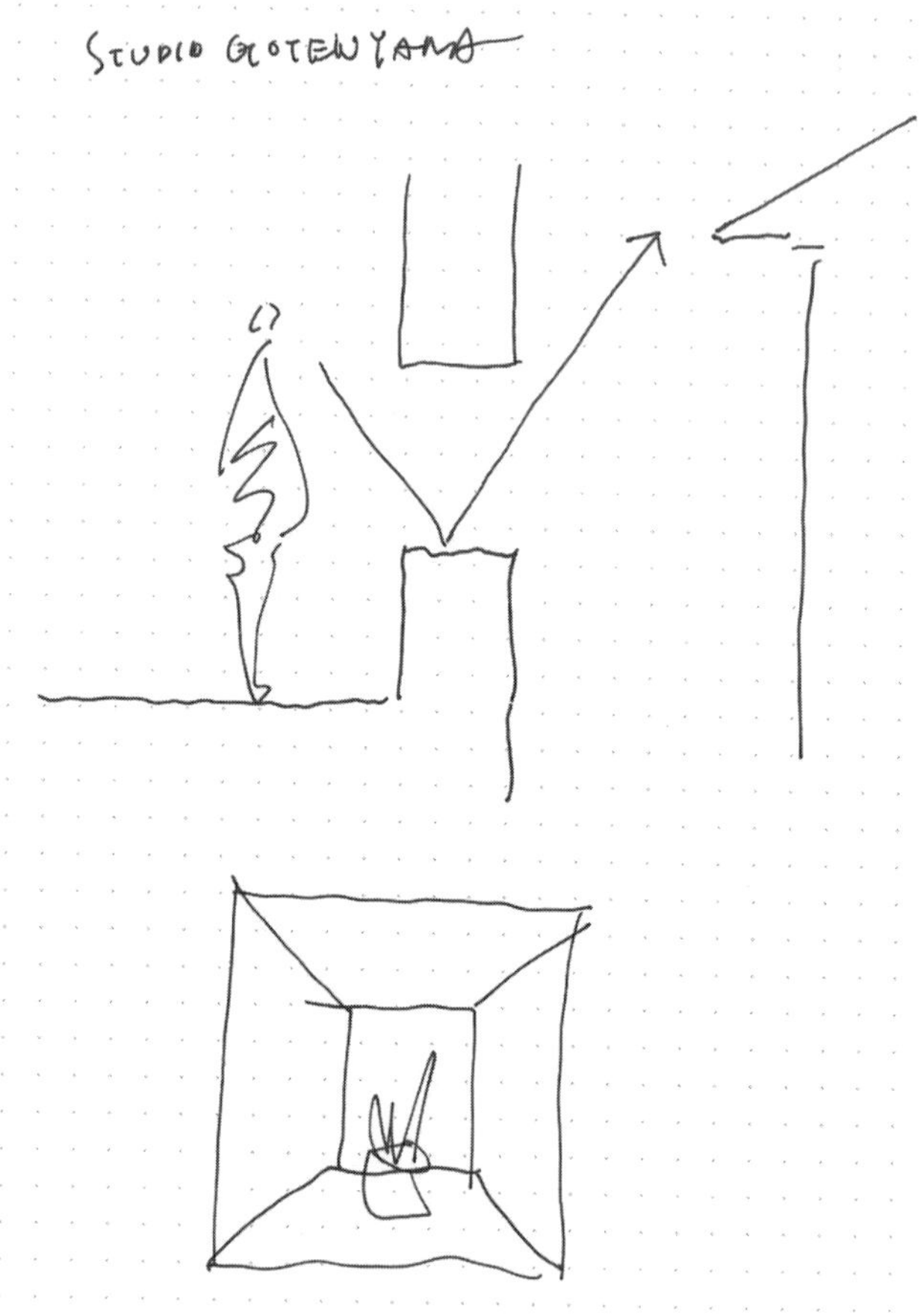

隣家との距離が僅か1メートル、そんな密集した環境でいかに居住空間をつくれるのか。当初は少しでも眺望の良い場所を窓によってつなぐことを考えていたが、この密集した環境そのものの魅力を炙り出すようなものにできないかとの思いから、厚みのある窓という考えに辿り着いた。窓の木口にステンレスを貼ることで、この密集した環境を、まるで万華鏡のように魅力的に映し出す。この窓は、この密集した環境だからこそ生まれた新しい窓の形式だが、結果的にはどこにおいても成り立つ魅力を持った普遍的な窓の発見になったのではないかと思う。

（Studio 御殿山（2006年））

窓と建築は、そもそも切っても切れない関係にある。だから建築の歴史や地域性は、窓の変遷として、また窓の多様性として語ることもできるはずである。しかしその一方で、時に時代を超えてつくり続けられる窓に出会うこともあれば、地域を超えた窓の類似性に気づくこともある。あるいは逆に、同じ時代、同じ地域でありながら、まったく異なる窓が存在していることも、僕たちは知っている。窓は建築にとってもっとも本質的な要素でありながら、その役割や意味は、決して一義的に決まることのない多義的なものなのである。

かつて大学の研究室で、「窓のしりとり」という、研究とも遊びともつかないようなリサーチを行ったことがある。それは、時代や地域を超えて見い出すことのできる窓の共通性や差異を明らかにするべく、窓を定義づける新たな視点を見つけようとしたものである。その新たな定義と、そこから浮かび上がる窓相互の関係をしりとりに準《なぞら》えたのである。たとえばル・コルビュジエのロンシャンの窓を、見込みが極端に大きな窓だと定義づけるなら、それは、スフォルフェスコ城に類似したものとしてしりとりされてゆくし、内外における開口の大きさが極端に異なる窓だとすれば、それはアルハンブラ宮殿の窓を引き寄せる、という具合である。

このような窓の可能性の拡張は、設計の上でも、ここ何年かに通底するテーマとなっている。

そのきっかけとなったのは、窓の機能を解体して再構築するという手法で設計を行った「勝浦の別荘」である。非常に恵まれた周辺環境を前に、建築は環境といかなる関係を築くのか、という問いがそのまま、さまざまな窓のあり方を生み出すことになったのである。素晴らしい景色を眺めること、新鮮な空気を取り入れること、明るい光を取り入れること、こうした窓のさまざまな役割を一度バラバラに解体した上で、適材適所に再配置する。大きなＦＩＸ窓もあれば、扱いやすい大きさの換気窓もある。あるいは家の表情そのものが変わるほどの、壁が開閉するかのような巨大な窓もある。たくさんの役割を同時に担うことによって、各々の機能が曖昧になってしまった窓を、ひとつひとつ、より原型的な姿に戻したのである。結果的にこの建築は、まるで建築すべてが窓のような、あるいは窓の中に暮らすかのような体験をもたらすことになっている。

ここに取り上げる3つの作品は、その後「厚みのある窓」に興味が移行してからのものである。勝浦のような安定した周辺環境に比べると、新陳代謝の激しい都市的な環境での計画であり、季節ごとの風景が極端に異なる林のような、不確定要素の大きな環境における計画である。その建築が置かれる環境に応じてそれぞれは微妙に変化や進化をしながらも、この「厚みのある窓」は、その後の計画でも繰り返し現れる重要な形式になっている。

「MESH」においては、内側の構造体と外側のカーテンウォール状の外皮が重なり合うことで、厚みのある窓が生み出されている。その二重の窓に挟まれた浴室や台所は、外部と内部の狭間のような、いわば窓の内側に入り込んでしまったような空間である。入浴とか料理をつくるといった生活における根源的な行為の中で、周辺環境とさまざまな使い方を許容する内部空間とを、等価に眺めるという体験を可能にしている。

「八ヶ岳の別荘」も、基本的には「MESH」と同様だが、二重の窓の狭間は、廊下という移動空間になっている。さらに部屋相互の間の壁にも窓が穿たれることで、家の中を動き回るという行為は、美しい林を体験すると同時に、重なり合う部屋という、いわば林にも似た密度感を同時に体験することになるのである。

「Studio 御殿山」においては、窓の見込みが極端に大きくなり、そこにステンレスの鏡面板が貼られている。窓は、見込みが大きいだけで指向性が強くなり、少し移動するだけでプライベートな場所や、一気に外まで見える場所などが生まれるが、さらにこのステンレスの反射が万華鏡のような効果を生み出し、この内部と外部の関係は、単なるプライベートとパブリックといった二項対立的な関係を超えて、より複雑で多様な関係を建築と環境との間に生み出している。それは、密集した都市環境だからこそ生まれた窓であり、また逆にこの窓が、この都市の隙間を魅力的な場所として炙り出すという、建築と環境の相互依存状態をそこに見るのである。

「厚みのある窓」は、建築が抱えてきた永遠のテーマである内と外を、単なる対立項として繋いだり切ったりするのでもなく、あるいは環境の価値を固定的に捉えて予定調和的な関係に落とし込むのでもない。むしろ移ろいゆく環境を読み替え、そして人の体験までも含めて建築と環境を、ひとつながりのものとしていく可能性を開いてくれるように思うのである。そしてそれは、新しい窓の発見によって実現されるのだ。

＊

厚みのある窓による環境の読み替え

環境の読み替え

賃貸の集合住宅（広くは居住環境）にとって決して望ましいとは言えない密集した環境に対し、建築がいかに振る舞うべきか、それがこの計画の出発点である。このような環境を「悪」として、自閉的な環境を構築するのでもなく、かといってプライバシーに無頓着なほどに無防備に開くのでもない環境との寄り添い方を見つけること、それは、密集した環境だからこそ生み出し得る建築を作ることによって、こうした都市環境さえも魅力的な環境であると「読み替える」ことでもある。

この環境の「読み替え」は、最終的には「厚みのある窓」、つまり極端に「見込み」が大きな窓によって実現されている。それは収納をたくさん作ることや、断熱性、防音性能を高めることなど、様々な意図の中でたまたま生み出されたのだが、それが隣家との距離がわずか1メートルという環境をも魅力的に描き出すのではないかという予見と、そして「窓の見込み」の再評価という、窓そのものの発見にもつながることで、1つの形式に収斂したのである。

厚みのある窓

厚みのある窓は、それだけで思いもよらない効果を生み出す。それはちょうど、指向性の強い音源の前に立ったときの体験にも近く、窓の正面に立てば内外は直接的につながるが、少し移動するだけで、窓の「見込み」に蹴られて外は見えなくなる。つまり、人が移動することで、内外の関係や距離は、極端に緊密になったり疎遠になったりするのである。それは、室内環境に不均質なプライバシーの分布状態を生み出している状態と見てもいいだろう。

その「見込み」に鏡面(実際には鏡面仕上げではなく、生板の状態だが)のステンレスを貼ろうと考えたのは、その効果が、単に見える、見えないといった二項対立的な関係を越えてさらに複雑な様相を生み出すとの期待があったからである。「見込み」に蹴られて外から見えない場所に来たと思うと、「見込み」には外の風景が映し出され、鏡面を介して外界とつながりを持ち始める。窓に近づけば、上端に地面が、下端に空が映る。見えないと思っていた風景が見え、見えないと思っていた方向に視線が通る。こうして様々な環境が、実像虚像入り乱れて映り込むと、外と中の距離も関係も、一義的には決まらない。人が動くにつれて刻々と変わる距離や関係は、建築の内外といった対立を越えた、新しい環境総体を生み出すことになると考えたのである。

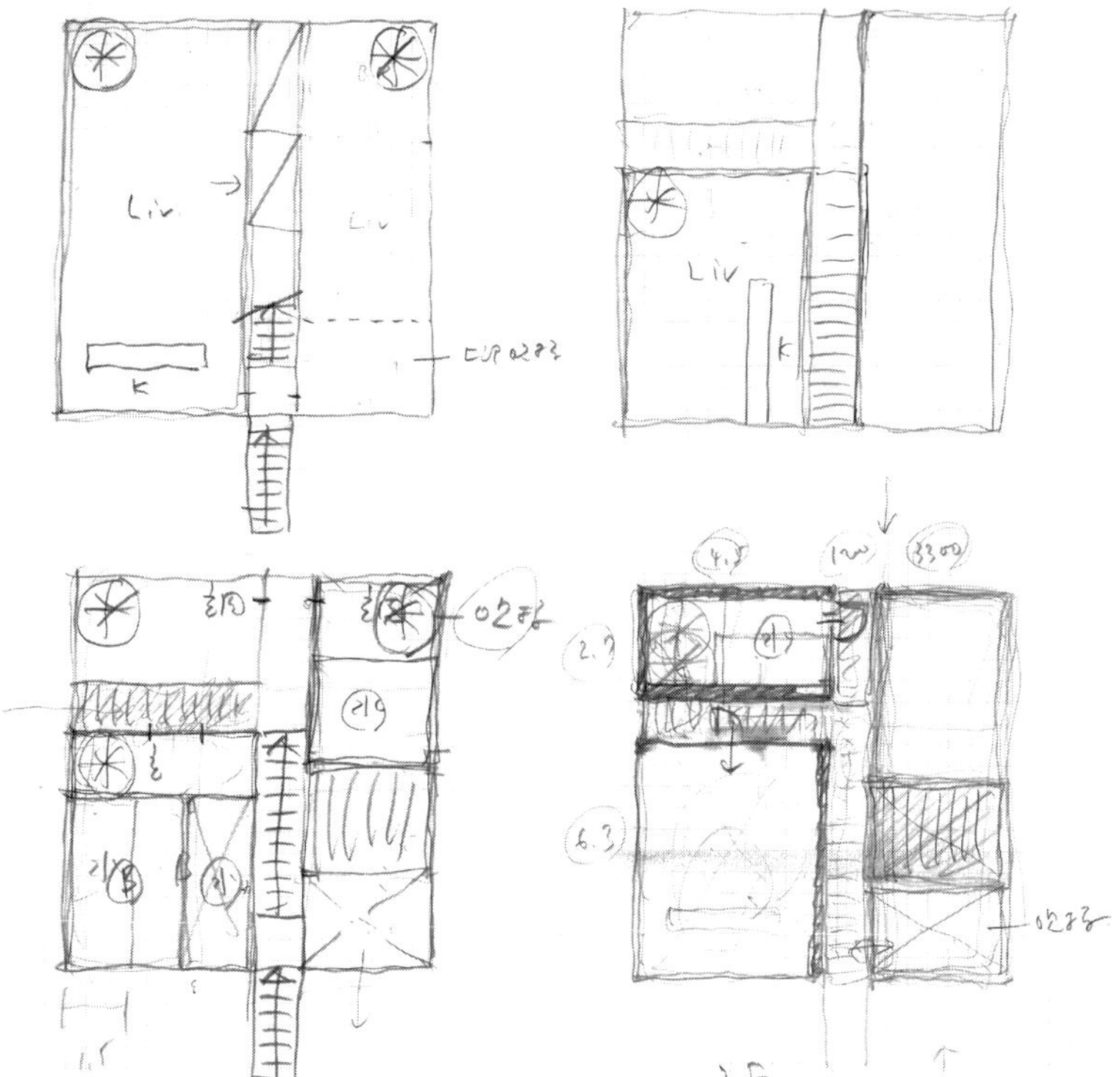

密集した敷地での計画であったため、当初は少しでも眺望の良い側、日当りの良い方向へと住戸を立体的に配置した案をつくっていた。

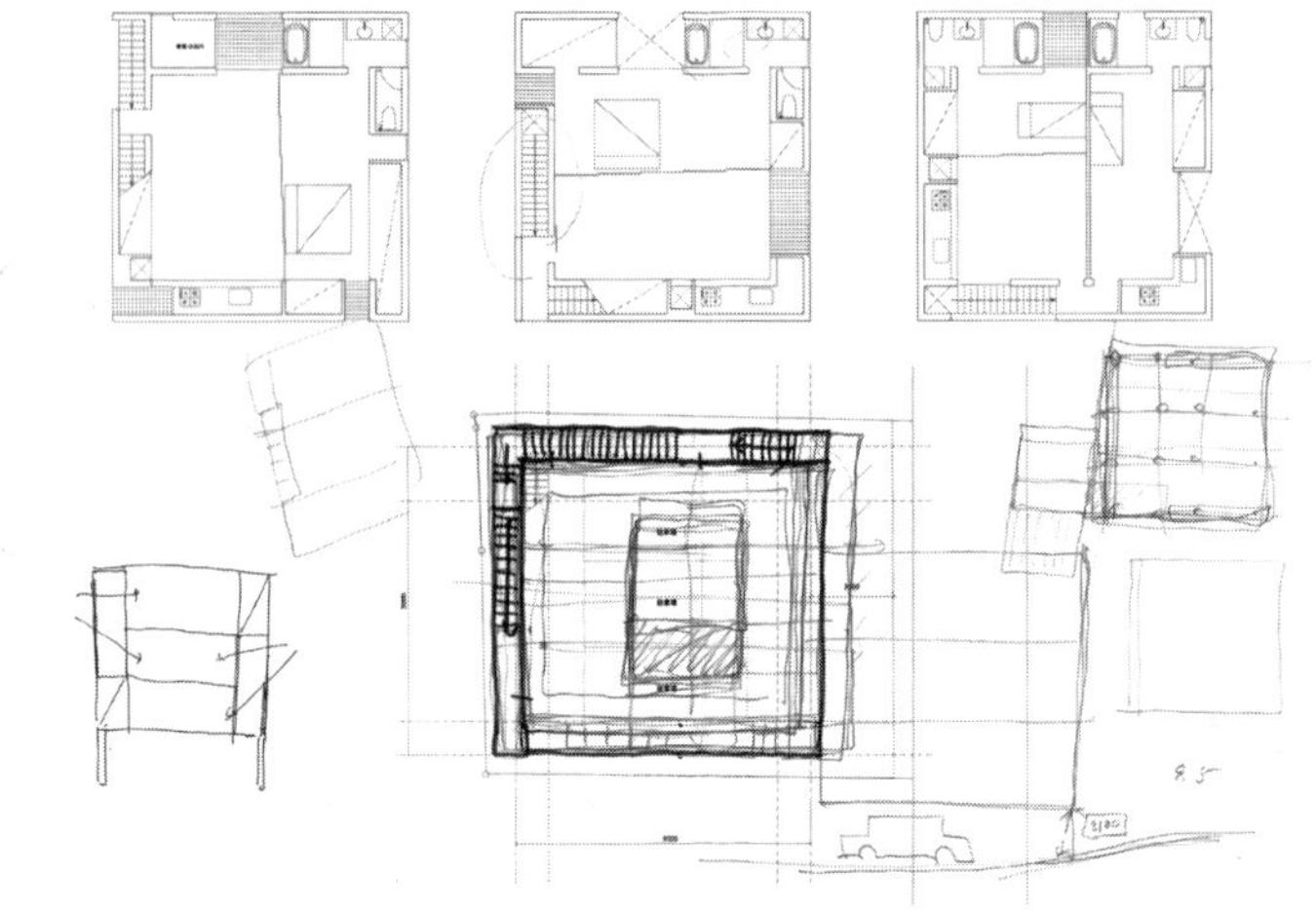

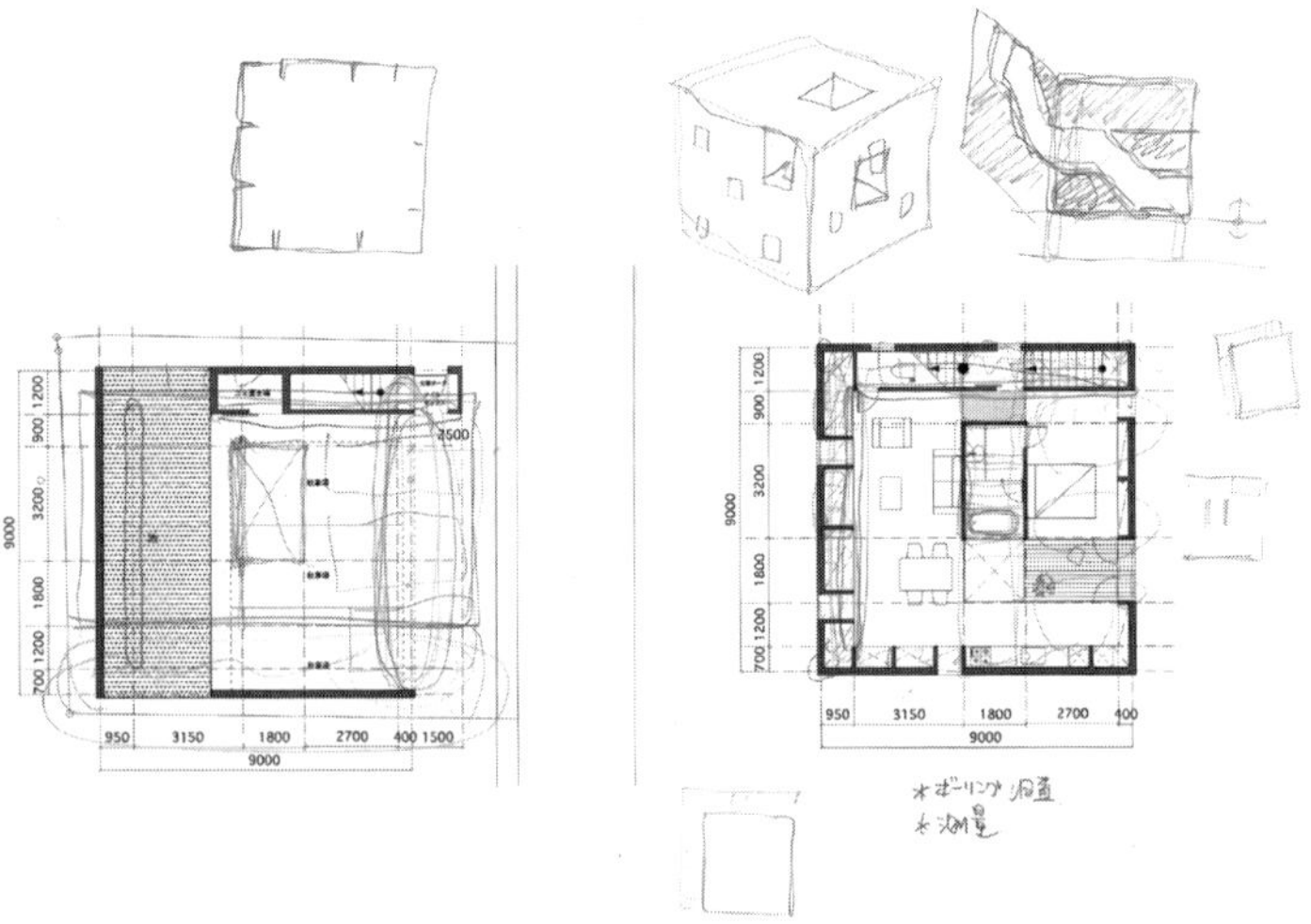

検討を進めるにつれ、密集した環境にただ蓋をするかのような案は、この都市のコンテクストに応えたことにはならないと思い直し、その密集した環境だからこそ得られる空間の質を問い直し始めた。階段や水回りなどを外周に配置し、居室はなるべく内側に、そしてその厚みをもった外周を通じて周辺環境と関わりが持てないかと模索し始める。

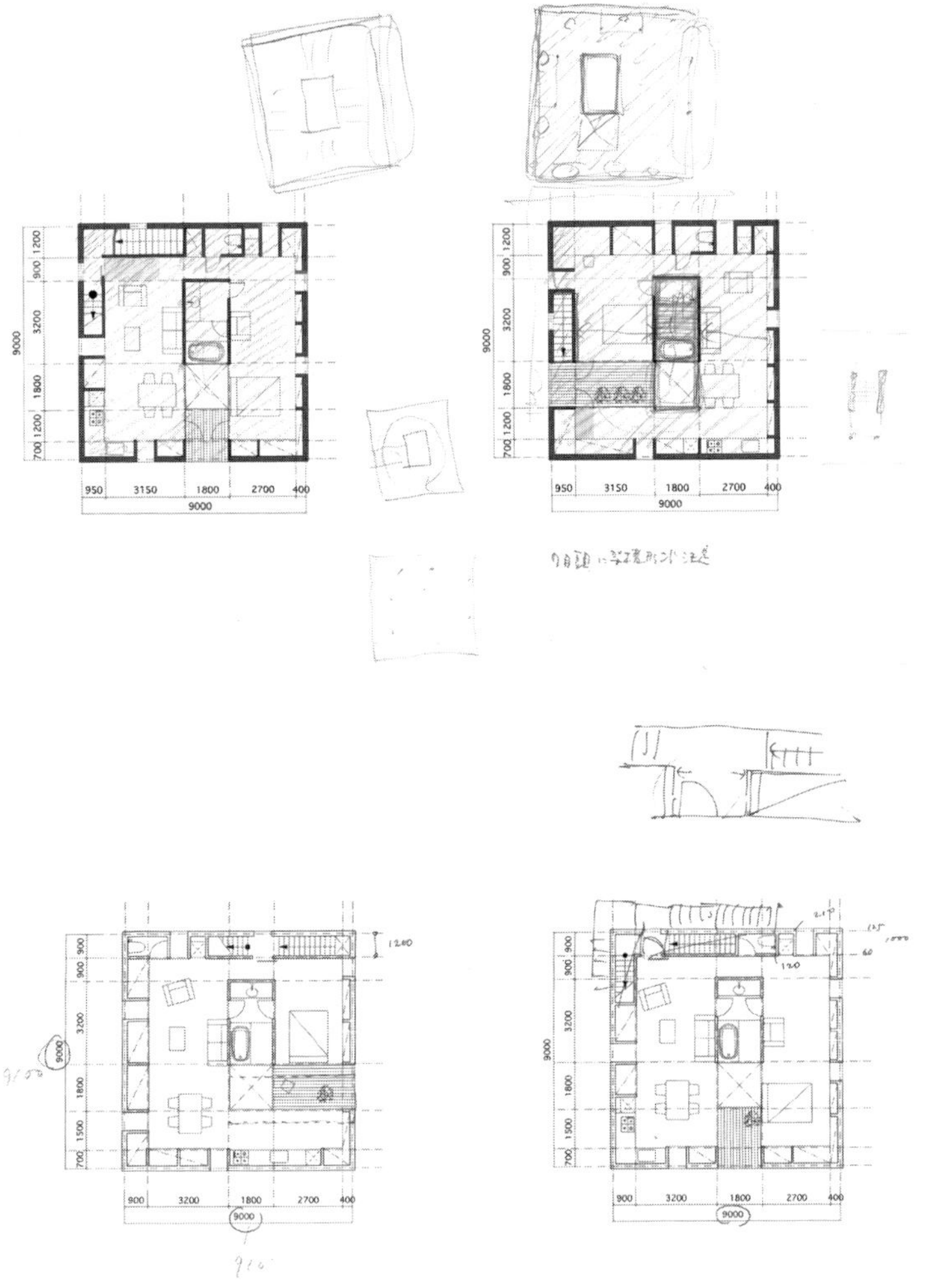

最終的には収納と一体になった厚みをもった窓によって、この密集した環境に応えようとしている。その厚みのある窓が、さらに積極的に周辺環境を映し出すためにどうしたらよいか、それを考え続けた結果、窓の「見込み」にステンレスを貼って、あたかも万華鏡のような窓にすれば良いと思い至った。

新しい住宅に向けて

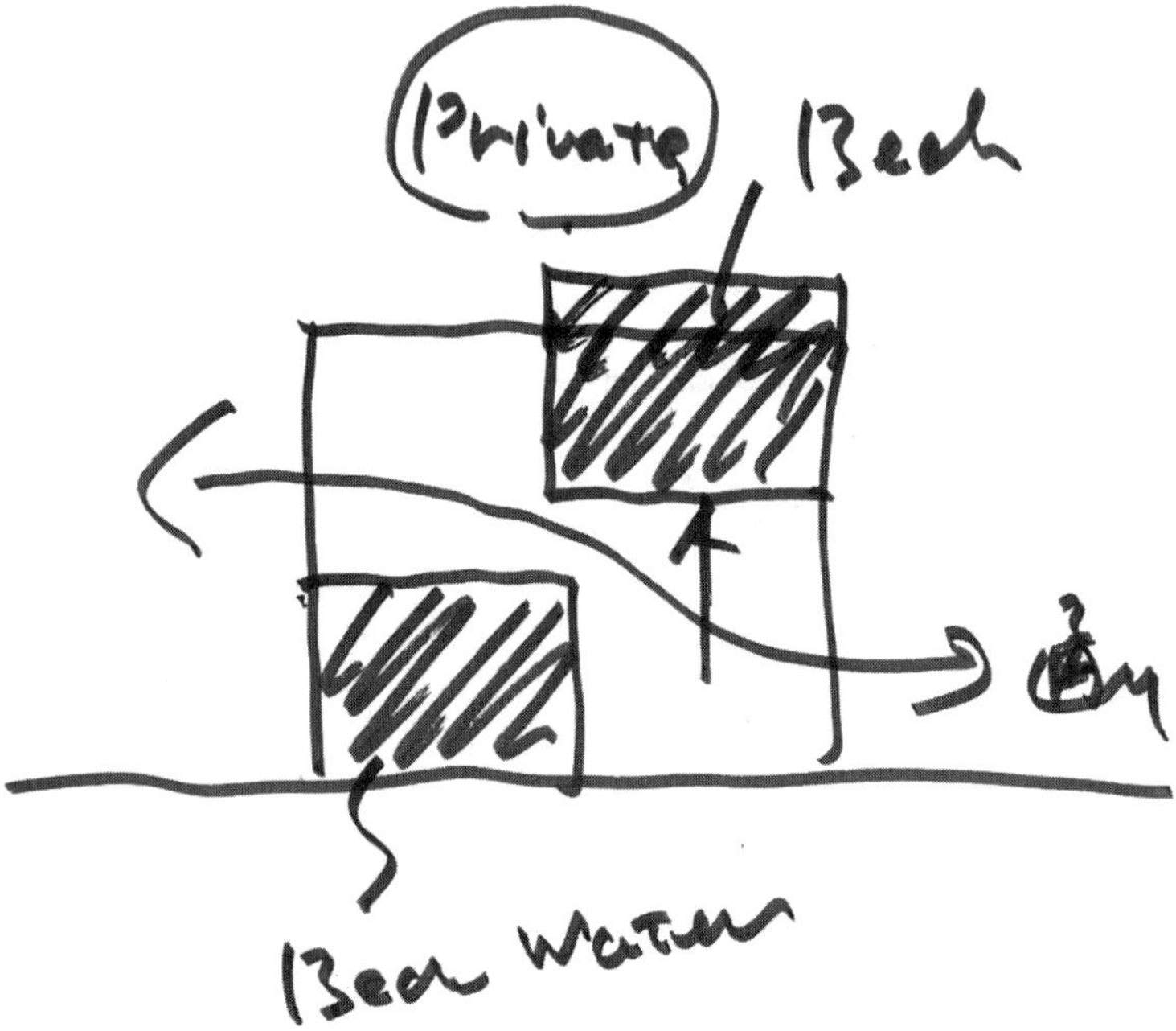

住宅を室名によって組み立てるのではなく、籠りたい場所、街とつながっていたい場所、という具合に、本能的欲求に応じた空間をつくり、籠っていたい場所を断面的に互い違いに配置して、残余を街につながる自由な空間とするという考え方で生まれた住宅。

（東京ハウス（2004年））

固有性と普遍性

建築は、本来一回性のものである。必ず特定の敷地で計画され、また特定のクライアントのための固有のプログラムのもとに計画される。住宅一つとってみても、大きな敷地もあれば小さな敷地もある。密集した住宅地で計画することもあれば、広大な自然を相手にする場合もある。住まい手も、大家族の場合もあれば、夫婦のこともある。そして同じ夫婦二人でも、生活スタイルは千差万別で、クライアントの数だけ多様な生活が展開している。そのような前提のもとに計画が始まる。それが建築の面白さでもある。逆な言い方をすれば、こうした固有性を最大限に生かすこと、建築的な言い方をすれば、プログラムとコンテクストを最大限尊重することは、建築の最も基本的な前提なのである。

しかしその一方で、いつも建築の設計をしながら、どこかこうしたプログラムとかコンテクストとかを超えた、原型的で普遍的な強さをもった建築を作ってみたいという衝動が消えないのもまた事実である。何か空間そのものが色褪せることなく存続するような、空間そのものに価値があるような建築を作りたい、そういった思いである。ギリシャの神殿が、プログラム上の役割を終えてもなお人々を魅了してやまないように、ゴシックの教会が国を超えて作られ続け、そして今なお人々の心を動かしているように、そんな普遍的な形式を見つけたいと思うのである。

この2つのこと、つまり極めて個別的であることと、その対極の普遍的であることを同時に実現しようとすることは、理屈の上では矛盾している。しかし建築は、そんな理屈を超えて、ある瞬間、この2つの方向性がむしろ魅力的な邂逅を遂げてしまうことを形として、空間として見せてくれるのである。そして実はこのことが、建築の設計をしていて最も神秘的であり、また興奮する瞬間なのでもある。

今回のプロジェクトは、住宅のプロトタイプを開発しようというものである。今現在において普遍的でありえる住宅の原型を見いだそうとするものである。だがもちろん、そのプロトタイプという言葉に込められた思いは、どこにでも通用するものをたくさん作ろうということでもなく、また最大公約数的なものを見つけようとするのでもない。むしろ住宅にまつわる今日的な背景や生活の変化をより緻密に汲み取りながら、そこから何か普遍的な形式を見つけることができないか、ということなのである。

空間とプログラム

ところでプログラムとは、そもそもどういうものなのか。通常僕たちは、建物を用途によって区別したりしている。たとえば美術館とか学校とか、あるいは住宅というように。そして設計にあたっては、例えば美術館ならどんな展示物のためのどんな部屋が必要であるかとか、学校であれば、どんな教育に基づいたどんな空間が必要か、住宅においても同じように、例えば家族構成に応じて子供部屋や寝室がいくつ必要か、といったことを組み立てて設計にとりかかる。このような用途から部屋の構成までも含めたことが、通常プログラムと呼ばれている。そしてこのプログラムが建築における前提であると、長いこと認識されてきた。そのこと自体は、決して間違いではない。しかし、ここで言うような意味でのプログラムは、実はそう頼りになるものではないこともまた事実である。例えば有名な東京の原美術館は、もともと住宅であったところが美術館として使われているし、取り壊された表参道の同潤会の集合住宅も、最後はほとんどが商業施設であった。廃校になった小学校が宿泊施設として蘇り、そこで楽しく過ごしている学生や、倉庫に少し手を加えて快適に生活している人を、僕たちはたくさん知っている。

つまり、このような状況が示していることは、プログラムといって前提にされてきたことと空間とは、そもそも一対一対応などしないということなのである。プログラムに対し空間は、はるかに冗長なのだ。実際住宅に起きていることを考えてみても、子供が大人になって巣立っていったり、あるいは年をとった両親を引き受けることになったり、夫婦でさえも、家庭内別居なんて珍しくない。そしてこのようなプログラムの変化は、数年、あるいは時に毎年のように起こり得ることであるから、建築の寿命に比べたら、遥かに短いサイクルなのだ。だから、子供が2人の4人家族なら、個室が3つにLDK、といった前提は、もう卒業しなくてはならない。これまで慣習的に、盲目的に前提とされてきたこのプログラムは、今ここで改めて再解釈されなくてはならないし、プログラムを超えた空間の拠り所を、極めて創造的に発見していかなくてはならないのだ。

東京ハウス

このような空間とプログラムの関係、あるいは建築における普遍性を強く意識するようになったきっかけとして、「東京ハウス」という、住宅のプロトタイプの開発を行ったプロジェクトがある。これは、コム・デザインの岡崎泰之さんの呼びかけで始まったものだが、その最大の特徴は、敷地の形状特性からプロトタイプを導くという点にある。つまり、それまでのプロトタイプが、たとえば中庭のある家、とか、モダンスタイルの家、というように、すべてが建築単体のみで成り立ち得るテーマに基づいたものであったのに対し、まさに正反対のアプローチである。というのも、それまでのプロトタイプは、いざ現実の敷地に当てはめると、様々な敷地条件によって途端に変形が繰り返され、結果的に全く別物になってしまうといった事態に陥ることが多く、特に東京のような狭小敷地が多い場所ではなおさら、敷地条件が、建築単体の論理以上により大きな影響力を持つ。そこに着目したわけである。

このような企画の背景には、住宅建築をとりまくいくつかの状況の変化がある。一つには、住空間への意識の高まりとともに、建築家への設計の依頼が増える一方、いやむしろそのような動きと並行して、もう少し簡便に、建築家の設計した家に住みたい、つまり長い期間建築家とのディスカッションを経て作り上げて行くといったプロセスではなく、例えて言うなら、オートクチュールは欲しくないが、プレタポルテは着てみたい、そんな感覚で、より簡便に家を手に入れたいと考えている施主が増えたことである。

もう一つには、住宅を、何か車の次に大きな環境であるかのごとく、手にいれようとする人が増えていることがある。かつてのように、生涯かけてのローンを組んで、例え職場から遠くても、とにかく3LDKを、といった感覚でではなく、むしろ自分たちの今の生活に最もフィットする場所に、小さくても拠点を作ろうとする、そんな意識に近い。このような背景のもとに、小さくても良質な住宅をたくさん供給する、それがこの企画の狙いである。

数々の土地情報を分析した結果、東京における30坪前後の土地を大きく「うなぎの寝床」、「旗竿敷地」、「角地」に類型化し、それぞれの敷地に3人の建築家がプロトタイプを提案した。

僕たちが相手にした「うなぎの寝床」での提案は、極めて単純なルールによってできている。つまり、2つの大きな家具くらいの大きさの箱を、敷地で最大限確保できるボリュームの中に、断面方向において互い違いに配置する、というものである。一方の箱には寝室が、もう一方の箱には水回り空間が入って、残った余白の空間は、そこに住まう人が自由に考えていけばいいと考えたのである。このような案に至ったのは、一つには、住宅のプログラムを部屋の集合としてではなく、生活に最低限必要な空間とそれ以外の場所と捉え直し、それぞれに対して空間を与えようとしたのである。つまり、水回り空間と寝る場所さえ用意すれば住宅として成り立つと考え、そのための空間の配置を、「うなぎの寝床」に特徴的な敷地の奥行き感を最大限に生かすように考えたのである。

しかもこの単純なルールは、より柔軟に敷地条件を吸収できるとも考えた。というのも、いくら敷地から考えたとはいえ、プロトタイプもやはり一つ一つ違った場所で計画される。大きさもプロポーションも方位も、それぞれ微妙に違う。そんな中で、この単純なルールなら、多少この箱の配置がずれたり重なったり、あるいは伸びたり縮んだりしても、この空間の質は変わることがないのではないか、ルールでありながら、それは決してリジッドな規則ではなく、むしろこうした敷地の不確定要素を柔軟に許容するしなやかさを備えているのではないか、そう考えたのである。そしてこのしなやかな強さこそが、建築のプロトタイプにとって、さらにいえば建築の普遍性にとって、最も本質的なことなのではないかと考えたのだ。

身体的空間

ところでこの2つの箱の設定は、もともとは、水回りと寝室というように、プログラムから組み立てられた。それはもちろん空間の質も同時に示唆していた。つまり、箱の中はよりプライベートで閉鎖的な空間で、それ以外の余白の空間は、よりパブリックでなるべく周辺環境と密接に結びついた空間という具合に。しかしこのプロトタイプがいくつか実現していく過程では、実はプログラムと空間との関係は、融通無碍に展開してしまっている。台所が箱の外に出てしまったり、箱の中に趣味の部屋が入ってきたりというように、いわば当初の空間の設定とプログラムとのずれが、すでに第一作目から起こり始めたのだ。もちろんその判断は、個別の計画においてなされてきたのだが、この事実は、ルールのしなやかさが空間の使い方にまで及んでいると見ることもできなくはないが、むしろそこには、プログラムを超えた人間の身体と空間との関わりあいの本質が結果的に投影されていると見ることができるのではないか。つまり、この2つの箱と余白の空間が示唆しているものは、人間のきわめて動物的な身体からの欲求の表れなのではないか。言い換えると、一方で巣のような場所にこもりたいといった胎内回帰的な欲求と、その一方で、どこかその巣から離れてより外界と密接に関わっていたいといった社会的欲求、とでも言ったらいいだろうか。この2つの人間の本能的な空間への欲求に対応した空間がそこには生み出されていると見ることができるのである。だからこそ、同じ空間の形式でありながら、それぞれの住まい手が、思い思いにその空間における行為を想像し、生活を組み立てていくことができるのではないか。それはちょうど人間が、たとえばちょっとした地形的窪みを利用して食事の場所を作ったり、あるいは木の下で集まったり、というようにして空間を発見していっている状態に近い。

新しい住宅開発

今回の開発において、大きくは2つのプロトタイプが提案されている。一つはjust house、もう一つはadjust houseである。前者は、単身者を想定した住宅であり、後者はもう少し大きな家族、しかもその家族が時間とともに変化していくことを想定して提案したものである。これはもちろん、東新住建経営研究所による詳細なマーケティングの結果導かれた一つの前提を根拠にしているのだが、図らずも、この2つの設定は、先の住宅における身体的側面を考える上で、実に興味深い設定にもなり得ている。つまり単身者の住宅は、一人の人間が、自分のための器としてどんな空間を欲するか、という設定に、そして家族のための住宅は、何人かの人間が集まるときに、どのような集まり方を欲するか、という設定である。

例えばjust houseにおいては、東京ハウスと同様に、極めてパーソナルでプライベートな胎内回帰的空間と、より大きく外界に向かって開かれた空間という2つを同時に獲得しようとするものであるし、また一方のadjust houseにおいては、何人かの人間が集まりながら、同時に一人でもいられるといった、人間の集団形成の根源的な欲求が、空間に翻訳されている。それぞれの人間が相互にいかなる距離を築くのか、その関係性がデザインされている。

いずれの案においても、それらはプログラムから導かれながらも、どこかそれがプログラムとは無縁の、人間のより身体的な側面に着目したかのような空間の形式を導く結果になっているのは興味深い。しかし、もしかしたらこのことこそが、プロトタイプか否かを超えて、住宅がこれから考えていかなくてはならない最も大切な切り口になっているようにも思うのである。

玄関から室内を見る（東京ハウスうなぎ001）　写真：西川公朗

室内から路地を見る（東京ハウスうなぎ001）　　写真：西川公朗

タテに住む

商業化が進む高密な地域において、頼り得るコンテクストは空であり、地面との関係であると捕え、小さなワンルームの集合住宅を、敢えて立体的なメゾネットで解いた計画。2階に水回りを集約すれば、階高も節約でき、配管なども集約できる。一方の最上階は、高い天井高と自分だけの空を獲得した自由な空間である。

（switch（2006年））

拠点としての住宅

小さな住宅の設計の依頼が増えている。比較的都心に近い場所で、規模が15坪とか20坪とか、そんな土地での計画が増えている。実際に統計などを取ったわけではないから、日頃の設計の仕事を通じての僕自身の感触でしかないけれど、似たような話はあちらこちらで聞こえている。もちろんこの程度の規模の計画はずいぶん前から存在していた。東孝光さんの名作「塔の家」などは、6坪強の土地で、しかも今から30年以上も前の計画であることを思うと、いまさら小さい住宅などといってその規模に着目すること自体、なんだか滑稽にも思えてくる。ただ、「塔の家」が、あの荒々しいコンクリートの表現とその彫塑的ともいえる造形によって「都市に踏み留まりたい」という住まい手の意志を強く表明していたのだとすると、最近のこうした小さな住宅に住もうとする依頼主たちには、何かもう少し気楽なニュアンスがあって、住むことと住宅との間に距離を置こうとしているかのような、そんなフットワークの軽いスタンスが見えてくる。確かにこの30年のあいだに住宅を取り巻く都市的、社会的状況は劇的に変貌した。だが僕にとって興味深いのは、こうして住宅の規模が小さくなることによって逆に浮かびあがってくる設計の拠り所のようなものがどう変化したか、そこにある。いま改めて小さな住宅に目を向けるのはそのためである。

小さな住宅の計画が増えていることの背景には、いくつも理由が考えられる。バブルが弾けて、土地や住宅を取得することが多くの人たちにとって射程圏内に入ったこともあるだろうし、不景気が続く中で、背伸びしない範囲で計画を見直す人もあるだろう。また小さな土地では、ハウスメーカーでは対応できそうにもないし、ならばと設計事務所の門戸を叩く人も増えているだろう。だけど、そんなことが根っ子にある理由でないのは、彼らの動機と判断の根拠を知るだけでも明らかだ。つまり10年も前ならば、同じ予算を使って郊外に庭付き一戸建てを求めたのだろうが、いまや彼らは、たとえ庭がなくても小さくても、あえて都心に住むことを主体的に選択している。そしてこうした状況を補完しているのが、住宅そのものをより自由に捉え直そうとする生活の多様さにある。時に住宅は仕事場であったりアトリエであったり、ギャラリーであったりするし、あるいはまた、子供のことはひとまず留保して(といっても無責任なわけではなく、長い間一緒に住むことを前提としていないとでもいったらよいか)、むしろ自分たちの今の生活をより正確にトレースするものとして住宅を捉えていたりもする。「郊外における庭付き一戸建て」に投影されていた資産としての住宅、投機の対象としての住宅の姿はもはやそこにはなく、あるのは都市生活にとって都合よく、適宜その役割の取捨選択を許容する、いわばネットワークの「拠点」としての姿である。

いわゆる、ビルディングタイプとしての住宅が成立し得なくなったという事態は、過去30年ほどの間に爆発的に拡張し続けた郊外住宅地への反動と、都心回帰という動きとの相乗関係が、住宅に求める機能の溶融という事態と相まって、戸建て住宅のレベルにおいても具体的な計画として次々と起こりはじめている。

積層される床

小さな住宅が、いくつもの床を積層させるようにしてタテに展開していくのは、ごく自然な成り行きである。いくつもの部屋なり空間が連続しながら展開するようなヨコへの広がりを持てない当然の結果として、住宅はいくつかの不連続な床が積層され、それが縦動線によってつながれる、そんなモデルが浮かび上がる。それは20世紀にもっとも多く建設された、いわゆるオフィスビルのようなユニバーサルスペースの積層体にも近似したモデルであって、少々乱暴だが、いわゆる「豪邸」をその究極とするような郊外住宅の対極的なモデルとして捉えることもできるだろう。だがこのユニバーサルスペースのようなモデルを想定することによって結果的に住宅がどう再定義されているか、といった視点に立つと、このふたつのモデルの差異を単なる規模の問題に還元して、床を「郊外住宅」における部屋の間仕切りに代わる存在として捉えてみるだけでは不十分な問題が浮かび上がってくるようにも思える。つまり、このヨコになっていることとタテになっていることとの差異は、住宅にとって、あるいは設計行為にとってかなり大きな出来事なのだと僕は認識している。

たとえばヨコに展開している住宅には、それを意図しようとしまいと、常に何と何が隣接しているか、その関係性がついてまわる。たとえばどの部屋とどの部屋は近いとか遠いとか、あるいはどこかの領域からどこかの領域へ移動するのに、必ずどこかを通るとか、そんな事態が往々にして発生する。つまり何かを自由にしようとしても、常にどこかで何かを規定するといった関係を避けて通れない、そんなジレンマを常に背負っているのがこの状態なのだ。こうした関係性をどう扱うか、それが設計の側においても主要な課題として、あるいは具体的な操作対象として認識され、議論もされてきた。住宅の問題を扱うときに常についてまわる家族や個人、あるいは社会との関係といった命題は、こうした個室と個室、あるいは玄関と廊下といった関係性から演繹的に提示されてきた議論といってもよいだろう。

だがそれがいったんタテに積まれだすと、おのおのの床の不連続性によって、こうした住宅における領域相互の関係は一気に相対化される。その小ささゆえに関係性から解放された各床は、縦動線によってつながれながら、たとえばある階を通過して別の階に移動する、そんなワープするかのような行為を可能とし、領域相互をきわめてフラットで互換可能な状態にまで引き摺り下ろす。

こうした状態は、設計するという行為が必然的にもたらす関係性への介入という事態を、慎重かつ周到に回避する設計スタンスと共犯関係を結んでいるようでもあるのだ。

依存する住宅と設計行為

だが、ひとつの床の中で生起する関係性が脱色されることとは、それに反比例するかのようにして住宅の外側の環境との関係性が顕在化されることを意味することにもなる。それは空であるとか地面であるとか、まわりの家であるとか、敷地に生えている木であるとか、それらが床といかなる関係を結ぶのか、こうした命題にすり替わる。とりわけ東京においては、タテ方向への積層がそのまま都市の切断面と呼応して床の質を決定的なものにするということは容易に想像できよう。地上2m、地上5mなどと、階に応じた切断面をつくってみれば、建ぺい率に対応した1階から、それとは無関係に展開しはじめる2、3階の状況など、東京の街にとって支配的な密度という指標とのより緊密な関係性が炙り出されてくる。

逆にいえば、こうした街の空隙を利用してゆくのに好都合なモデルとしてこの小さな住宅は捉えられるし、その関係性を強化していくことによって生じる、周辺環境との相互依存の関係は、都市を利用していくという視点の獲得にとって、そして同時により広範な街のスケールにも働き得る仕掛けとしても有効であるだろう。

実際こうした住宅は、すでにいくつも実現されはじめていると思う。ただ、ここに記したような小さな住宅とその設計行為のモデルの構想は果たして有効なのだろうか。それはおそらく設計行為を、単に床をつくることへと短絡させてしまうような開き直ったスタンスにでも、あるいはまた現状の観察をそのままただの追認作業に置き換えてしまうのでもない可能性の模索にかかっている。小さな住宅、その積層されたモデルが住宅の、さらには建築のいったい何を演繹的に規定することになるのか、さらにはそうした床相互が再びいかにしてつながれるのか、という次なる命題の設定によって何が変化するのか、そのあたりを見極めることにかかっている。

その意味で、今の僕にはふたつのことが気にかかっている。ひとつは、いま東京に、かなりの数の超高層住宅が計画されているということ。これらが都心回帰の動きを一方で支えるのだが、その巨大なユニバーサルスペースを偽装した、床の積層体に包括された矮小化された郊外住宅のようなモデルと、こうした小さな住宅がどう折り合っていくのか、ということ。

そしてもうひとつは、情報化社会を象徴する公共施設として生まれた「せんだいメディアテーク」が、ユニバーサルスペースの積層されたモデルを前提としつつ、そのつながれ方という微細な差異によって、劇的に変わったものになってしまっているということ、そしてそれが何を規定しはじめるのかということ、このふたつである。

積層された床にタテに住むその姿と、このふたつのことが僕の頭の中で行き来している。

水回りだけを集約した2階（switch）　写真：西川公朗

3階の、何もないがらんどうの空間（switch）　　写真：西川公朗

建築家に何が可能か

あとがきに代えて

釜石市の取り組み

東日本大震災から4年が経った。この時間経過のなかで見えてきた各自治体の対応は、多様である。地域ごとの特性をきめ細かく拾い上げながら復興に取り組んでいるところもあれば、大組織に多くを委ねて一気に計画を押し進めているところもある。僕たちがかかわる岩手県釜石市では、建築家の伊東豊雄や東北大学の小野田泰明、工学院大学の遠藤新を復興ディレクターに迎えて「かまいし未来のまちプロジェクト」を立ち上げ、街の将来像を描くとともに、市が整備するプロジェクトの設計者をコンペによって選ぶという、極めてユニークな取り組みを継続してきている。コンペの審査から設計のプロセスまでを可能な限り市民と共有し、民意をくみ取った計画を丁寧に実現していくのである。すでに復興公営住宅から市民ホール、小学校などのコンペが実施され、多彩な顔ぶれの建築家が釜石に集結することとなった。

しかしながら4年を経てもなお、すべてのプロジェクトが順調に進んでいるとは言い難い状況にあるのは多くの人の知るところであろう。建設価格の高騰、職人不足など、日本の各地から聞こえてくる困難な状況は、被災地ではなおさらである。度重なる入札不調のために、計画そのものを見直さなくてはならない状況も生まれている。このような社会情勢を背景に釜石市では、「建物提案型復興公営住宅買取事業」や「敷地提案型復興公営住宅買取事業」など、新たな取組みに踏み出した。つまり市有地や民有地において、設計、施工も含めて完成した建物を市が買い取る、というものである。価格や工程などは事業者の責任において全うされなくてはならないから、その分市が抱えるリスクは軽減される。設計、施工という通常の事業プロセスに必要となる市側の業務も大幅に軽減される。そして何よりも、仮設住宅での過酷な生活を強いられている被災者に、一日でも早く、確実に、公営住宅を提供することができる、この安心感がこれらの事業を後押しすることになった。僕たちは、この買取事業のひとつである大町での復興公営住宅の計画にダイワハウス岩手支店とともに応募し、事業者として選定されて動き出すことになったのである。

シンプルな「箱」にできること

大町の計画は、四つのシンプルな「箱」が寄り添うようにしてできている。一つひとつの「箱」は、ありふれた矩形の建築だが、相互の関係性と、そこに生まれるすき間のデザインに的を絞って設計している。このような「箱」の組み合わせで設計を進めることになった理由は大きく二つある。ひとつには、今回の計画が大手ハウスメーカーとの協働によるものだからである。ハウスメーカー独自の技術や工法を採用して計画を進めること、また限られた予算と工期のなかで可能な仕様を選択することは前提条件である。鉄骨ラーメン構造に既製の外壁パネル、数多くの既製品の使用といった限られた条件下で何が可能なのか、その問いがあらゆる判断の場面で繰り返されている。

もうひとつには、今後この復興公営住宅に住むことになる住民のコミュニティの様相がある。釜石市では、阪神淡路大震災後に孤独死が多発したことへの反省から、住民同士が常に見守れるような住宅をつくることを基本方針として打ち出した。例えばリビングアクセスのような、お互いの生活の様子がうかがい知れる関係を構築することが、設計の初期条件だったのである。しかしながら、僕たちが継続的に行ってきたワークショップを通じて見えてきたコミュニティは、複雑で多様である。特に市街地においては、若い共働きの夫婦もいれば、プライバシーやセキュリティを気にする人たちもいる。さらには、もともとこの地に住んでいたわけではない人たちも一緒に住むことになるから、親密な関係だけを前提にした計画はむしろ不自然なのだ。四つの箱を、外周をめぐる「縁側」によって緊密に結びながらも、敷地中央に設けた「通り庭」によってお互いを引き離しているのはそのためだ。家を一歩出ればすぐにお隣同士と顔を合わせることができるコミュニティの場をつくり、その光景が道路沿いに溢れ出すよう配置しつつも、各住戸の居間は、縁側からは奥まった場所にあり、窓外にはまるで隣の街区を見るかのような、相互に距離を持った住棟の風景が広がっている。この「縁側」と「通り庭」がまるで手袋を裏返したような関係を築くことで、近隣との親密な関係も、自分だけのプライベートな居場所も併せ持つ選択性を持った空間を生み出したのだ。そこには、親密さを演出するためだけの形も表層も必要ない。むしろ素っ気ない箱の関係性だけで、コミュニティを育むための魅力的な場所を充分につくり得たのである。

建築家に何が可能か

この計画を通じて見えてきた課題は、大きく二つある。ひとつには、今なお変化し続ける被災地の状況に向ける建築家の眼差しの「解像度」である。僕たちが直面しているコミュニティは、先にも記したように、数多くの矛盾を抱えている。必要なのは、「濃密なコミュニティ」などといった部外者的な目線で一括りにして描く美談などではなく、この複雑な現実に寄り添い、地域性や文化や生業を丁寧に拾い上げていく「解像度」なのだ。それは今回の震災を経て建築家が習得すべきひとつの「技術」であるし、その先にしか次の時代に向けての指針は見えてこないと思うのだ。なぜならこの技術の欠如は、巨大な防潮堤で津波に備えようとする思考と地続きだからだ。

もうひとつは、建築家の「職能」とも言うべき課題である。というのも、ハウスメーカーとの協働には、デリケートな問題を孕んでいるからだ。なぜならそれは、巷で広がりつつあるデザイン・ビルドという発注形態へと横滑りしかねないからである。それでもなお、こうした困難な状況も含めてデザインの対象とする姿勢を維持したいと思うのは、従来どおりの建築家的振る舞いに固執し、結果的に英雄的撤退を余儀なくされる事態が建築家に与える社会的ダメージの方が、遥かに大きいと感じているからである。建築家は、独創的なデザインにこだわる人たち、といった程度の認識は、まだまだそこら中にある。だからこそ、被災地から撤収することなく、どんな立場にせよかかわり続け、建築的知恵を提供し続けることで街や生活の質を向上させる、それこそが建築家の役割であることを、身をもって示し続ける以外に取り得る方法は、今のところ見当たらない。

結果的に僕たちは、この大町の計画のほかに三つの復興公営住宅にかかわることになった。同じ釜石市街での計画であり、ダイワハウスとの協働という体制も変わりはない。予算や工程、あるいは現場での予期せぬ事態もあり、困難な状況は一層厳しさを増しているが、新たな復興への展開も見えつつある。それは、群としてできあがる住宅群を、釜石の花であるはまゆりの色で、そして居住空間をつくることのできない1階を、街のキャンバスのように真っ白に塗って、住民が今後長い年月をかけてつくり上げていくような場所にしようというものである。まるで街のあちらこちらに花が咲くように、今回の復興の記憶を街の風景に記せればという考えが、釜石市や小野田泰明との議論のなかで生まれてきたのである。

どんな立場にせよ撤収しないこと、そこから得られる数多くの気づきに、まだまだ賭けてみたいと思うのだ。

二〇一五年四月　　千葉　学

初出一覧

- 人の集まり方をデザインする＊書き下ろし
- 時間と空間を紡ぐこと＊「新建築」2012.4
- 大多喜の重層する時間と空間＊「新建築」2009.6
- site specificからsite determinedへ＊「新建築」2010.2
- 空間の地形＊「新建築」2009.4
- そこにしかない形式＊「新建築」2007.1
- 建築で何を学ぶのか＊『これからの建築理論』(東京大学出版会・所収)
- 都市と均質空間＊「JA」50号 2003.夏
- スポーツのルールと都市計画＊「JIA建築家」2003.8
- 不自由な柱＊「新建築」2003.3
- 地図と自転車＊「建築雑誌」2014.12
- モノで考える＊「プロジェクトブック」2005
- 住宅と都市＊「住宅特集」2006.7
- 居住環境のための建築の形式はどう計画されるべきか＊「建築雑誌」2005.5
- 小さな家＊「住宅特集」2015.1
- 集合住宅にできること＊「建築技術」2008.12
- 厚みのある窓＊「JA」74号 2009.夏，
  厚みのある窓による環境の読み替え＊「建築技術」2008.12
- 新しい住宅に向けて＊「住・生活研究」05号 2007
- タテに住む＊「住宅特集」2001.3
- 建築家に何が可能か＊「建築雑誌」2015.6

千葉　学（ちば　まなぶ）

1960年東京都生まれ。1985年東京大学工学部建築学科卒業。1987年東京大学大学院工学系研究科建築学専攻修了。1987-1993年日本設計。1993-1996年東京大学工学部建築学科キャンパス計画室助手。1993-2001年ファクターエヌアソシエイツ共同主宰。1998-2001年東京大学工学部建築学科安藤研究室助手。2001年千葉学建築計画事務所設立。2001-2013年東京大学大学院工学系研究科建築学専攻准教授。2009-2010年スイス連邦工科大学客員教授。2013年東京大学大学院工学系研究科建築学専攻教授。2016-2018年東京大学副学長。2018年-東京大学キャンパス計画室副室長。

主な受賞　第17回AACA賞優秀賞、第49回BCS賞、2007年度日本建築家協会賞、2009年日本建築学会賞（作品）（日本盲導犬総合センター）。日本建築学会作品選奨2013、第14回公共建築賞優秀賞（諫早市こどもの城）。第54回BCS賞、2013ユネスコ文化遺産保全のためのアジア太平洋遺産賞功績賞、2013年度日本建築家協会優秀建築選、日本建築学会作品選奨2016（大多喜町役場）。第27回村野藤吾賞、第55回BCS賞、日本建築学会作品選奨2017（工学院大学125周年記念総合教育棟）。2018年度グッドデザイン賞グッドフォーカス賞［復興デザイン］（釜石市大町復興住宅1号・釜石市天神復興住宅）。

主な著書　『くうねるところにすむところ　窓のある家』（インデックス・コミュニケーションズ）『ル・コルビュジエの全住宅』、『rule of the site　そこにしかない形式』（TOTO出版）『ヘヴンリーハウス　住吉の長屋／安藤忠雄』（東京書籍）『建築家は住宅で何を考えているのか』（PHP研究所）『ja115 AUTUMN,2019 千葉学』（新建築社）『地球を相手にした道具』（王国社）『How is Life?　地球と生きるためのデザイン』（共著　TOTO出版）

人の集まり方をデザインする

2015年　8月15日　初版発行
2025年　9月30日　4刷発行

著　者——千葉　学　©2015
発行者——山岸久夫
発行所——王　国　社
〒270-0002　千葉県松戸市平賀152-8
tel 047(347)0952　　fax 047(347)0954
https://www.okokusha.com
印刷　三美印刷　　製本　小泉製本
図版——千葉学建築計画事務所
装幀・構成——水野哲也（watermark）

ISBN 978-4-86073-060-4　*Printed in Japan*